Oldenbourg Interpretationen

Herausgegeben von
Klaus-Michael Bogdal und
Clemens Kammler

begründet von
Rupert Hirschenauer (†) und Albrecht Weber

Band 36

Günter Grass

Katz und Maus

Interpretation von
Ingrid Hasselbach

Oldenbourg

Die Seitenangaben beziehen sich auf Günter Grass, *Katz und Maus. Eine Novelle. Danziger Trilogie 2,* Deutscher Taschenbuch Verlag 11822, München: 1993. (Sämtliche Taschenbuchausgaben von Günter Grass, die bisher in der „Sammlung Luchterhand" erschienen waren, hat dtv übernommen.)
Seitenangaben mit „Bl" beziehen sich auf *Die Blechtrommel,* Sammlung Luchterhand 147, Seitenangaben mit „Hj" auf *Hundejahre,* Sammlung Luchterhand 149. (Beide Bände sind im Luchterhand Verlag nicht mehr erhältlich.)

CIP — Titelaufnahme der Deutschen Bibliothek

Ingrid Hasselbach:
Günter Grass, Katz und Maus: Interpretation / von Ingrid Hasselbach. - 1. Aufl. - München : Oldenbourg, 1990
(Oldenbourg-Interpretationen; Bd. 36)
ISBN 3-486-88635-5
NE: GT

1. Auflage 1990
Druck 04 03 02 01 00
Die letzte Ziffer bezeichnet das Jahr des Drucks.

Lektorat: Ruth Bornefeld
Herstellung: Fredi Grosser
Umschlaggestaltung: Klaus Hentschke
Gesamtherstellung: Appl, Wemding

ISBN: 3-486-88635-5

Inhalt

1 Aufnahme und Einordnung

1.1 Die Primärrezeption

Als *Katz und Maus* 1961 erschien, war Günter Grass bereits berühmt. Der internationale Erfolg seines ersten Romans, der skandalumwitterten *Blechtrommel* (1959), hatte ihn in aller Munde gebracht. So kann es nicht Wunder nehmen, daß die Novelle als Vorläufer des angekündigten zweiten Romans gespannt erwartet wurde und daß gleich nach ihrer Veröffentlichung temperamentvolle Rezensionen in der Tagespresse erschienen.

Die erste *Katz und Maus* -Kritik zeichnet sich vor allem dadurch aus, daß sich die Pro- und Contra-Positionen im öffentlichen Urteil über Günter Grass und sein Werk klarer formulieren. Der künstlerische Rang des Werkes wird gepriesen und mit fachlich ausführlich begründeten Argumenten verteidigt. Aber auch die Zweifel an der moralischen Substanz und dichterischen Verantwortlichkeit des Autors treten verstärkt auf und sind aggressiver formuliert als beim Erscheinen der *Blechtrommel*.[1]

Diese ablehnende Reaktion ist vermutlich auf einen charakteristischen Unterschied im Leseerlebnis zurückzuführen: Mit dem permanent dreijährigen, Glas zersingenden Unikum Oskar Matzerath kann man sich nicht leicht identifizieren; Oskar bleibt immer der andere. Joachim Mahlke hingegen als Absolvent eines Gymnasiums, Katholik, Soldat und Träger einer Kriegsauszeichnung gleicht mit den genannten Zügen vielen Deutschen, die sich durch diese teils fragwürdige, teils widerwärtige Gestalt verletzt fühlen. Bezeichnenderweise findet man unter den Einwänden ausländischer Kritiker den einer verunglimpfenden Verzerrung der Wirklichkeit nicht. Sie fühlen sich nicht angegriffen und erkennen unbelastet Allgemeinmenschliches, den Menschen schlechthin und auch sich selbst in dem Werk. Je mehr Berührungspunkte zwischen Leser und poetischer Figur bestehen, desto herber wird die Kritik, so in *Das Ritterkreuz* und *Danziger Heimatblättern*, der national-konservativen und der katholischen Presse.

Die Diskussion entzündet sich am Vorwurf der Unmoral, und vom Nimbus prometheischer Schöpferkraft und urtümlicher Vitalität des Autors geht die Faszination aus. Im ganzen waren die Kritiken solider und höher im Niveau als die zur *Blechtrommel.* Die Rezensenten wußten sich diesmal auf vertrautem Gebiet, das Werk war überschaubarer und konnte mit dem vorangegangenen verglichen und daran gemessen werden.

1.2
Einordnung in das Prosaschaffen von Günter Grass

Da der Roman und die Novelle das gleiche Milieu haben und Schauplätze, Figuren und Ereignisse aus der *Blechtrommel* in *Katz und Maus* wiederkehren, z.B. Oskar, das Kolonialwarengeschäft Matzerath (103) und Störtebeker mit seiner Bande (88, 93, 119), streichen viele Rezensionen die Zusammengehörigkeit dieser beiden Werke heraus.[2] Erst nach dem Erscheinen von *Hundejahre* (1963) wurde sichtbar, daß *Katz und Maus* ein Sproßwerk dieses zweiten Romans ist, von dem seinerzeit nur der Arbeitstitel *Kartoffelschalen* bekannt war. „Die Erzählung *Katz und Maus,* ursprünglich ein Stück des neuen Romans, isolierte sich von selbst."[3] Sie hatte eine Fabel gewonnen, die sich nicht mehr für eine Romanepisode eignete, sondern nach der strafferen Form der Novelle verlangte. Die nahe Verwandtschaft der beiden Werke ist in vielen Zügen, von denen hier ein paar angedeutet werden sollen, deutlich zu sehen.

Die fiktiven Erzähler, Pilenz in *Katz und Maus* und Harry Liebenau im zweiten Buch der *Hundejahre,* zeigen so viel Ähnlichkeit, daß es naheliegt, sie als Variationen eines Grundmodells aufzufassen, mit Harry Liebenau als der ersten und Pilenz als der novellengemäß schärfer umrissenen Ausprägung. Pilenz, der in *Katz und Maus* seinen Vornamen als nicht zur Sache gehörig verschweigt (80), wird in *Hundejahre* einige Male als Heini Pilenz erwähnt (Hj 110, 148, 176), Harry Liebenau kommt in *Katz und Maus* als der Cousin Tullas vor, der den Versuch des Pilenz, mit ihm ein Gespräch über seine Cousine anzufangen, brüsk zurückweist (87). Pilenz und Harry Liebenau stimmen oft bis zur Gleichheit überein in Erscheinung, Mentalität, Erzählweise, Phrasierung, individual- und sozialpsychologischer Situation und vor allem im Verhältnis zu ihrem Helden, hier Mahlke, dort Tulla.

Weiterhin enthalten beide Werke wesentliche Episoden des anderen Werkes in komprimierter Form, z. B. *Katz und Maus* die Geschichte des Studienrats Brunies, „eine dunkle verzweigte Geschichte, die an anderer Stelle doch nicht von mir, und auf keinen Fall im Zusammenhang mit Mahlke, niedergeschrieben werden soll" (40),[4] und *Hundejahre* das auslösende Katz und Maus-Ereignis.[5] Das in *Katz und Maus* szenisch ausgebreitete Motiv vom ehemaligen Schüler und Ritterkreuzträger kehrt in *Hundejahre* in panoramaartiger Überschau wieder, wodurch es einen größeren Rahmen und allgemeinere Gültigkeit gewinnt.[6] Eine Untersuchung der Bezüge und Verweise zwischen den beiden Werken könnte an den Tag bringen, daß sie sich nicht nur an vielen Stellen berühren, sondern daß sich ihre Aussage in dem jeweils ande ren Werk erweitert und zusätzliche Aspekte gewinnt. Naturgemäß ist es vor allem das kleinere, aussparende *Katz und Maus,* das eine solche Aussageerweiterung erfahren kann, wenn *Hundejahre* in die Betrachtung einbezogen wird. Günter Grass selbst hat sein Bedauern darüber geäußert, daß der Zusammenhang zwischen seinen ersten drei Prosawerken meist übersehen werde.[7] 1974 hat er dann *Die Blechtrommel, Katz und Maus* und *Hundejahre* unter dem zusammenfassenden Titel *Danziger Trilogie* in der Sammlung Luchterhand veröffentlicht.

Die Blechtrommel, Katz und Maus und *Hundejahre* kommen aus demselben produktiven Imaginationsgrund; es ist, als seien sie von derselben Muse inspiriert.[8] Hier schreibt Grass von der deutschen Stadt Danzig, dem heute polnischen Gdansk, genauer von dem Danziger Vorort Langfuhr, heute Wrzeszcz, in dem er geboren und aufgewachsen ist. In der Topographie stimmen sein erdichtetes und das wirkliche Danzig überein; ein Exemplar der Novelle soll deutschen Filmleuten, die nach Danzig gekommen waren, um die Dreharbeiten für den Film *Katz und Maus* vorzubereiten, als zuverlässiger Stadtführer gedient haben.[9] Aber das Danzig von Günter Grass, der Hintergrund seiner *Danziger Trilogie,* ist kein geographischer, sondern ein geistiger Ort, eine Mischung aus dem erlebten Danzig seiner Jugend, so wie es seine Erinnerung bewahrt hat, dem Danzig, das seine historische Einfühlungskraft und Phantasie lebendig erhalten und immer wieder mit neuen Dingen und Menschen bevölkern kann, und dem, was seine Weltsicht und charakteristische Sprachbegabung in Worte faßt. „Wenn man in der Zukunft die Karte der Weltliteratur zeichnen will, so ist es möglich, daß darauf Danzig als ein genauso wichtiger Ort wie Joyces Dublin oder Kafkas Prag verzeichnet wird."[10]

1.3 Deutungen und Deutbarkeit

Das Schwergewicht der kritischen Analysen von *Katz und Maus* liegt wie üblich bei der Inhaltsauswertung und Deutung. Sie ist fast immer an der Gestalt des Helden orientiert.[11] Mit seiner scharf umrissenen und von bedeutungsträchtigen Gegenständen umrankten Erscheinung, seinem stufenweisen Entwicklungsgang und der zwischen Größe und Lächerlichkeit schwankenden Aura des Außenseiters ist Mahlke prädestiniert, als Variation des modernen literarischen Helden bestimmt, als absonderliche Persönlichkeit unter absonderlichen Umständen oder als Vertreter eines Heldentyps gedeutet zu werden. Weiter zeigen die Untersuchungen, daß Mahlke und sein Geschick nicht nur als individueller Einzelfall, sondern auch als exemplarisch zu begreifen sind. Daraus ergibt sich die Deutung der Novelle als Konterfei historischer, gesellschaftlicher und ideeller Gruppen und Situationen: Die Novelle wird zum Generationsbild erklärt[12] oder zum Zerrbild einer Gruppenmentalität[13] und gewinnt umfassendste Bedeutung als Universalbild des Menschen[14] und moderne Einkleidung alter Mythen.[15]

An dem fiktiven Erzähler, der bei näherem Hinsehen als Deutungszentrum geeigneter erscheint, weil über ihn mehr und aus erster Hand zu erfahren ist, richten sich Gesamtdeutungen nicht aus. Wenn überhaupt, dann wird er als Erzählmedium, selten als beteiligte Hauptperson erwähnt. In der technikbewußteren und nicht emotional an Mahlke gebundenen ausländischen Kritik findet er noch am ehesten Beachtung. Auch in dieser Hinsicht also ist Pilenz „der Erzähler im Schatten des Helden".[16] Auf die autobiographische Deutung, die sich auf Übereinstimmungen zwischen dem Autor und seinen Figuren beruft, braucht nicht weiter eingegangen zu werden.[17]

Im ganzen gesehen, wird *Katz und Maus* in deutschsprachigen Ländern in der Hauptsache psychologisch und gesellschafts- oder zeitkritisch ausgelegt. Im Ausland sieht man es eher als Vertreter eines symbolischen Realismus, einer Darstellungsweise, die durch naturalistisch genaue Zeichnung banaler Einzelheiten Allgemeines symbolisch sichtbar macht. Auch als Dokumentation der NS-Zeit wird es dort aufgefaßt und dabei entweder als einfache Information hingenommen oder zur literarischen Verarbeitung der Vergangenheit in Deutschland gerechnet. In amerikanischen Deutungen wird, einer verbreiteten Interpretationsschule gehorchend, das Novellengeschehen häufig auf Archetypen und archetypische Konstellationen zurückgeführt, ein Vorgehen, das sich an *Katz und Maus* als lohnend erweist, aber von Günter Grass nicht geschätzt wird; er besteht darauf, daß er nicht symbolisch darstelle, was ihn in den Verdacht vorsätzlicher Irreführung aus Effekthascherei bringt.[18]

Angesichts der Vielfalt von Auslegungen erheben sich im Hinblick auf die Interpretation einige Fragen: Wie kommt es, daß die Novelle so unterschiedlich gedeutet wird? Geschieht das mit Recht? Welche Deutung ist die richtige? Und ist dieses Deuten überhaupt ein ernsthaftes Interpretationsverfahren? Gestattet es nicht eher Einblick in die Geistesverfassung des Deuters als in das Wesen des Werkes? Was läßt sich von den Deutungen für die weitere Interpretation verwenden? – Die meisten derartigen Deutungen von *Katz und Maus* sind nicht aus der Luft gegriffen, sondern erheben mit reichem Belegmaterial Anspruch auf Gültigkeit. Kann aber ein literarisches Werk vielerlei bedeuten? Die Antwort ist: ja. Sie sei mit der These begründet, daß Deutungen dieser Art sich zu Kunstwerken prinzipiell so verhalten wie Erklärungen der Wirklichkeit zur Wirklichkeit. Das heißt, der hinter der zu erklärenden Sache waltende Geist, hier der des Dichters, dort ein angenommenes Weltgesetz, ist am Erklärungsvorgang weder beteiligt noch wird er durch ihn ans Licht gezogen. Deutungen mögen sich als Wesensbestimmung des Werks geben, sie sind tatsächlich immer nur Mittel, sich das Werk geistig anzueignen und verfügbar zu machen, es durch und für die jeweilige Verständnisapparatur aufzubereiten.

Bezieht man diese Lage in die Erörterung ein, so wird es verständlich, warum z. B. die Gestalt des physisch und psychisch verkrampften und damit für amerikanische Begriffe höchst unattraktiven, ja abstoßenden Mahlke gerade in Amerika viel Sympathie gewinnen konnte: In der Sicht von Lesern, die der Selbstbestimmung des Menschen höchsten Wert beimessen und deren Interesse sich deshalb auf die Darstellung dieses Phänomens in der Literatur richtet, wird das Geschehen von *Katz und Maus* zum Kampf des sich selbst bestimmen wollenden Individuums gegen massive Kräfte, die es daran hindern, sei es das totalitäre politische System, sei es die Konformität der kleinbürgerlichen Gesellschaft. Die Inhalte von Mahlkes Selbstbestimmung, zum Teil geeignet, als Muster schlechten, undemokratischen Verhaltens in Schulbücher einzugehen, werden dabei als Akzidenzien hingenommen und kaum kritisiert, und das um so weniger, als der Urtyp des amerikanischen Nonkonformisten – im Gegensatz etwa zum deutschen – häßlich und unliebenswürdig, eher „Unter-" als „Übermensch" und zudem sein Auch-Mensch-sein und Gerade-Mensch-sein eine neue und begrüßte Entdeckung ist. Folgerichtig wird die Novelle zur Geschichte von der Zerstörung eines Menschen, der in seiner schuldlosen Vereinzelung und Wunderlichkeit besonders menschlich und als Vertreter der richtigen Sache erscheint. – In den Augen von Anhängern aufklärerischen Gedankengutes gibt der Anspruch Mahlkes auf Selbstbestimmung zusammen mit dem Fleiß und dem Mut, mit deren Hilfe er ihn durchsetzt, ihm etwas vom Nimbus des idealen Jünglings, der sich gegen eine korrupte und korrumpierende Umwelt zur Wehr setzt. Mahlke zeigt weder Faulheit noch Feigheit und bedient sich seines Verstandes in absoluter Autonomie.[19] – Der Blick, der sich auf Konflikte und Gefahren in des Menschen Brust heftet, findet die Ursache für Mahlkes Scheitern in einem inneren Zwiespalt, vielleicht in dem Mißverhältnis zwischen seinem entschiedenen, mit ungebrochener Kraft verbundenen Willen, sich durchzusetzen und in seiner Eigenart zu behaupten, und der Irrationalität seines Denkens. – Die Empörung über die Gestalt des Helden schließlich erklärt sich aus der einfachen moralischen Urteilsweise vieler Leser, die gegen diesen Typus eines Helden, diese Karikatur eines Freundes, Jugendvorbildes, Katholiken und Liebhabers protestieren.

2
Die Handlung

Im folgenden wird die Handlung von *Katz und Maus* dargeboten in Form einer chronologisch geordneten Aufzählung der wichtigsten Vorgänge und Fakten des Novellengeschehens. Die Absicht dabei ist, ein Vorstellungsgerüst für die Interpretation zu erstellen.

Der fiktive Erzählvorgang, dessen Zeit ungefähr mit der tatsächlichen Entstehungszeit der Novelle im Jahre 1960 identisch ist, umgibt als schmale Rahmenhandlung die zwischen Sommer 1940 und Sommer 1944 spielende Kernhandlung. Der in Westdeutschland lebende, etwa dreiunddreißigjährige Sekretär im Kolpinghaus, Pilenz, erzählt, getrieben von ihn bedrängenden Erinnerungen und einem schlechten Gewissen und angeregt von dem Franziskanerpater Alban, die Geschichte seines ehemaligen Mitschülers Joachim Mahlke.

Der Geschichte vorangestellt ist die „Mär" von „Katz und Maus": Eine Katze hält den Adamsapfel des fünfzehnjährigen Mahlke, der mit anderen Jungen auf der Wiese neben dem Schlagballfeld des Stadions liegt, für eine Maus und springt ihn an. Dies geschieht im Sommer 1940, ein Jahr nach Kriegsbeginn, als Mahlke schon schwimmen kann.

Was aus der Zeit vor dem Ereignis bekannt wird, ist Vorgeschichte: Joachim Mahlke, 1925 als einziger Sohn eines Lokomotivführers geboren, wächst in der Obhut seiner vom Lande stammenden Mutter und deren älterer Schwester Susi in dem Danziger Vorort Langfuhr auf. Sein Vater kommt 1934 bei dem Versuch, einen Eisenbahnunfall zu verhindern, ums Leben und wird posthum mit einer Rettungsmedaille ausgezeichnet. Weil Joachim Mahlke schwächlich ist, wird er ein Jahr von der Einschulung zurückgestellt und ist auch bis zu seinem 14. Jahr vom Sport dispensiert.

Im Winter 1939 nimmt er auf einmal Schwimmunterricht im Hallenbad Niederstadt und besteht im nächsten Sommer die Freischwimmerprüfung in der Badeanstalt Brösen. Danach sucht und findet er Anschluß an eine Gruppe von Mitschülern – Esch, Kupka, Pilenz, Schilling, Hotten Sonntag und Winter –, die ihre freie Zeit auf dem Wrack der Rybitwa verbringt, einem polnischen Minensuchboot, das bei Kriegsanfang von den Deutschen zur Beute gemacht, beim Abschleppen von der Halbinsel Hela nach Neufahrwasser aber plötzlich gesunken und, da es den Verkehr nicht behindert, liegengeblieben ist. In diesem Sommer, 1940, beeindruckt Mahlke seine Mitschüler durch Tauchunternehmungen, von denen er eine Anzahl Gegenstände aus dem Wrack hochbringt: einen Minimax Feuerlöscher, einen englischen Schraubenzieher, eine Bronzeplakette des Marschalls Pilsudski, ein zinntellerartiges Erinnerungsstück an eine Segelregatta, eine Silbermedaille mit dem Relief der schwarzen Madonna von Tschenstochau, Konservendosen und ein Grammophon.

Auf dem Wrack und im Turnunterricht überrundet Mahlke die anderen bald. Sonst geht er seiner eigenen Wege, kleidet sich altmodisch, trägt allerlei Gegenstände an einem Schnürsenkel um den Hals und scheint es überhaupt darauf anzulegen, die anderen zum Lachen über sich zu bringen; er will einmal Clown werden. Mahlke ist auch ostentativ katholisch. Er besucht regelmäßig die Frühmesse in der Marienkapelle, wo Hochwürden Gusewski zelebriert und Pilenz Meßdiener ist, und verehrt schwärmerisch die Jungfrau Maria. Er ist Jungzugführer, weigert sich aber, an Sonntagvormittagen Dienst anzusetzen, und wird deshalb im Herbst 1940 als einfaches Mitglied in die Hitlerjugend abgeschoben. – Die Jungen bewundern Mahlke ob seiner Leistungen und seiner Unabhängigkeit; sie eifern ihm in vielem nach und sind zugleich fasziniert und abgestoßen; zu freundschaftlichen Kontakten kommt es nicht, Mahlke bleibt ein Einzelgänger. Aber immer wieder imponiert er durch neue Leistungen und Einfälle: Er führt in der „Wissenschaft“ nautischer Sachkenntnisse, er ißt aus den im Wrack gefundenen Konservendosen, und er verhindert, daß einem hilflosen Lehrer ein Streich gespielt wird.

Im zweiten Sommer, 1941, schließt sich Tulla Pokriefke den Jungen auf dem Wrack an und lenkt das Interesse auf sich, indem sie alle der Reihe nach immer wieder zum Masturbieren herausfordert. Auch Mahlke, der sich zunächst abseits hält, wird gegen seinen Willen von ihr dazu angestachelt, und es gelingt ihm hierbei die Höchstleistung.

Mit zwei Bommeln als Halsschmuck führt Mahlke im Winter 1941/42 die „Puschelmode“ ein. Im gleichen Winter hält der erste als Ritterkreuzträger heimgekehrte ehemalige Schüler, ein Leutnant der Luftwaffe, in der Aula des Conradinums eine Rede, dabei wirft Mahlke die Bommeln wieder weg. – Um seinen zu Besuch in Langfuhr weilenden Berliner Cousinen etwas zu bieten, führt Pilenz sie zusammen mit Winter über die zugefrorene See zum Wrack, wo sie Mahlke damit beschäftigt finden, das Eis über der Luke des Vorschiffs aufzuschlagen. Er bittet sie, ihm mit warmem Urin das Eis auftauen zu helfen. Die Cousinen sind von Mahlke beeindruckt, und die beiden anderen Jungen sind abgemeldet. Am nächsten Tag sieht Pilenz, daß Mahlke das Eisloch genau über der Luke geschlagen hat.

Im Sommer 1942 verderben Tertianer den Jungen den Spaß auf dem Wrack, auch Mahlke taucht nicht mehr. Ende Juni rettet er einen Untertertianer, der aus dem Wasser nicht hochkommt, und entdeckt dabei mittschiffs den Eingang der über dem Wasser liegenden Funkerkabine, die außer ihm niemand je zu sehen bekommt. Er transportiert dann seinen „Kram“ in die Kabine und richtet sie sich anscheinend wohnlich ein. Zu dieser Zeit beginnt er zu pfeifen, Litaneien zu singen und das Grammophon zu spielen. Am Sonnabend vor den großen Ferien hält der zweite Ritterkreuzträger, ein Kapitänleutnant zur See und U-Boot-Kommandant, seine Rede in der Aula; anschließend nimmt er an einer Turnstunde der Untersekunda teil, während der sich Mahlke den Fuß vertritt, für eine Weile aus der Turnhalle verschwindet und im Umkleideraum das Ritterkreuz stiehlt. Die Untersuchungen des Diebstahls verlaufen ergebnislos. Am folgenden Sonntag schwimmt Pilenz zum Wrack und findet dort, wie erwartet, Mahlke mit dem gestohlenen Ritterkreuz, in bester Laune und voller Albernheit. Gegen den Rat von Pilenz, das Ritterkreuz in der Kabine zu verstecken, bringt Mahlke es zu Klohse und wird daraufhin vom Conradinum in die Horst-Wessel-Oberschule strafverwiesen. Da sie jetzt nicht mehr den gleichen Schulweg haben, verliert Pilenz ihn aus den Augen; auch während der Sommerferien bleibt Mahlke verschwunden, weil er sich in ein Wehrertüchtigungslager gemeldet hat. Nach den Ferien tritt Pilenz wieder seinen vorher vernachlässigten Dienst als Meßdiener an und trifft in der Marienkapelle Mahlke, dessen Marienverehrung jetzt nach Meinung Gusewskis schon an Götzendienst grenzt. Der Einladung Mahlkes, ihn einmal zu besuchen, kommt Pilenz erst am dritten Advent nach, wobei er Gelegenheit hat, Mahlke in seiner Familie zu beobachten.

Anfang 1943 wird Pilenz Luftwaffenhelfer in der Strandbatterie Brösen-Glettkau und hört hier von Schülern der Horst-Wessel-Oberschule, daß Mahlke kurz nach Weihnachten mit Notabitur zum Reichsarbeitsdienst in die Arbeitsdienstabteilung Tuchel-Nord einberufen worden sei. Im Februar trifft er ihn noch einmal zufällig im Schloßpark Oliva, danach sieht er ihn über ein Jahr nicht mehr, erfährt aber im Februar 1944, kurz nachdem er sein Abitur regelrecht abgelegt hat und von den Luftwaffenhelfern entlassen worden ist, von Mahlkes Tante, daß Mahlke inzwischen bei den Panzern ist und schon etwa fünfzig russische Panzer abgeschossen hat. Einige Tage darauf wird auch Pilenz zu einem dreimonatigen Einsatz in die Tuchler Heide einberufen. Im Lager findet er Mahlkes Namen und darunter „Stabat Mater dolorosa“ in ein Brett der Latrine eingeschnitzt und hackt die Inschrift aus. Gerüchteweise erfährt er, daß Mahlke den Oberfeldmeister, der ihn ungerecht behandelt hatte, zum Hahnrei gemacht habe, und auch, daß er nach der Entdeckung eines unterirdischen Partisanen-Magazins in einem Teich bei Groß-Bislaw für einen kleinen Orden vorgeschlagen worden sei. Kurz vor seiner Entlassung kommt die offizielle Nachricht, daß Mahlke das Ritterkreuz bekommen hat.

Im Juni 1944 kehrt Pilenz nach Langfuhr zurück und trifft im Schulhaus Mahlke, der mit Oberstudienrat Klohse seine Rede besprechen möchte; aber Klohse läßt diese Rede unter Hinweis auf die Schulordnung nicht zu und wird dafür einige Tage später von Mahlke, der ihm in Begleitung von Pilenz nachts auflauert, geohrfeigt. Die beiden jungen Männer laufen noch lange in der Nacht herum, bis Mahlke schließlich in eine Straßenbahn einsteigt, in der er Tulla als Schaffnerin zu erkennen glaubt. Am nächsten Morgen nach der Messe erklärt Mahlke, daß er nicht mehr zur Truppe zurückwolle, und bekommt von Pilenz den Rat, sich auf dem Wrack zu verstecken. Sie fahren nach Brösen, und Mahlke taucht im Wrack unter. Vergeblich harrt Pilenz auf ein Lebenszeichen, kehrt dann nach Langfuhr zurück, wird am nächsten Tag einberufen, verläßt die Heimat in Richtung Westen und ist von da an auf der Suche nach Mahlke.

3
Eine Novelle

3.1
Die Signifikanz des Untertitels

Mit dem Untertitel *Eine Novelle* ist Günter Grass zuerst auf erheblichen Widerstand in der Kritik gestoßen. Dies ist kaum zu verstehen, lassen sich doch fast alle Züge, die in den einzelnen Theorien der Gattung Novelle zugeschrieben werden, in *Katz und Maus* entdecken.[20] Wahrscheinlich hat das damalige ‚image' von Grass als eines drauflos schreibenden Naturburschen sich der Einsicht, daß man es mit einem formvollendeten Werk zu tun hat, in den Weg gestellt. So hat sich denn auch inzwischen das Urteil gewandelt, und *Katz und Maus* gilt als eine musterhafte Novelle.

Es erhebt sich die Frage, welchen Wert es haben kann, über die Gattungszugehörigkeit des Werks nachzudenken. Es ist im Auge zu behalten, daß es eine Urform der Gattung, so etwas wie einen Kanon absoluter Forderungen, die das Kunstwerk zu erfüllen hätte, nicht gibt. Alle Gattungstheorien sind zeitgebunden und werden jeweils nur von dem Werk perfekt konkretisiert, von dem sie abgeleitet sind. Die chronologische Folge der einzelnen Theorien, die Geschichte der Novellentheorie also, läuft immer mindestens einen Schritt hinter der Geschichte der Novelle her, deren Entwicklungsrichtung vom originalen Kunstwerk bestimmt wird; zu Marksteinen neuer Ansätze werden im allgemeinen die hervorragenden Werke. Deshalb dient die Gattungsbestimmung nach äußeren Formmerkmalen der Werkinterpretation nur wenig, und zur Basis eines Werturteils kann sie gar nicht werden. Dennoch ist die Gattungstheorie für die Werkinterpretation von Nutzen, indem sie ihr mit der Gruppierung von Dichtungen nach bestimmten Merkmalen gesichertes Vergleichsmaterial bereitstellt. Auch können die in den Theorien genannten charakteristischen Züge, z. B. die unerhörte Begebenheit, Einsträngigkeit, Silhouette, entscheidende Wendepunkte und Gipfel, Falke, Dingsymbol, Leitmotive, schicksalhafter Konflikt, Schwester des Dramas, zentrales Ereignis und gesellschaftliche Einbettung, als Anhaltspunkte bei der Erschließung des Werks dienen.

Günter Grass hat *Katz und Maus* „Eine Novelle" genannt, wie er *Die Plebejer proben den Aufstand* „Ein deutsches Trauerspiel" und *Die Blechtrommel* „Roman" genannt hat. Der Untertitel gehört zum Werk. Möglich, daß er ironisch gemeint ist, möglich auch, daß der Begriff in ungewohnter Bedeutung verwendet ist. Der Interpret muß herausfinden, was dieser Teil zum Ganzen, das ohne ihn ein anderes wäre, beiträgt. Vielleicht setzt sich der Autor mit diesem Untertitel provokativ von dem selbstgenügsamen, sich noch immer avantgardistisch gebärdenden Formexperiment ab, indem er das angebliche Ende der Novellenform ebenso ignoriert wie schon in der *Blechtrommel* die Totsage des Romans und der Figur des Romanhelden (Bl, 10 f.). Das entspräche seiner grundsätzlichen Parteinahme für Evolution und gegen Revolution und seiner Liebe zum Althergebrachten, das er den neuen Wirklichkeiten anverwandeln möchte. Vielleicht ist der Untertitel ein Fingerzeig für den Leser, damit er seine Aufmerksamkeit ‚novellengerecht' einstellt. Was hieße das?

3.2 Die Silhouette

Das Kernmerkmal der Novelle ist die Konzentration auf ein Ereignis, auf „eine sich ereignete unerhörte Begebenheit" (Goethe), auf den hörenswerten, exemplarischen Einzelfall. Sie bedingt den Ausschluß von Nebenhandlungen und allem, was nicht zum Verständnis dieser Begebenheit notwendig ist. Vorgeschichte, Darstellung der Charaktere einschließlich des Helden und des Erzählers sind auf ihren Beitrag dazu eingeschränkt. Ihr genügt lineare, einsträngige Handlung.

Das unerhörte Ereignis in *Katz und Maus* gipfelt in dem Verschwinden des Ritterkreuzträgers Mahlke unmittelbar nach seiner Dekorierung. Die Fabel strebt auf diese Pointe des Ereignisses am Ende der Novelle zu. Unterhalb der gerade steigenden Handlungslinie gibt es andere – gebrochene – Entwicklungskurven. Dem äußeren Aufstieg und Niedergang des Helden z. B. entspräche eine Kurve, die aufwärts geht bis kurz vor dem Ende, wo sie sich – nach der Auseinandersetzung zwischen Mahlke und Klohse – mit jäher Biegung abwärts neigt. Eine Kurve seines inneren Aufstiegs und Niedergangs müßte je nach Interpretation anders verlaufen. Man kann die vor Beginn der Handlung liegende Lenkung seines Ehrgeizes auf ein Ziel, das seiner Veranlagung nicht gemäß ist, schon als Abwärtswende einer von da an stetig verlaufenden Kurve ansetzen. Man kann diese Wende auch an die Stelle der „Olympiade" legen, wo die Angst, die Aufmerksamkeit der anderen zu verlieren, und die Sucht, es allen zuvorzutun, Mahlke dazu verleiten, gegen die Überzeugungen zu handeln, die seinem Leben Halt geben.[21]

Die erzählte Zeit – nicht nur Mahlkes Zeitrechnung (28) – beginnt mit Mahlkes Freischwimmen; sie beginnt aber auch mit dem Sprung der Katze auf Mahlkes Gurgel, mit dem Moment also, da Pilenz Mahlkes Lage und Prädisposition wahrnimmt, Mahlke aber schon schwimmen kann (6) und damit den entscheidenden ersten Schritt in seiner Laufbahn als bewunderter Held (Dekorierung) und Taucher (Verschwinden) bereits getan hat. Dieser phasenverschobene Doppeleinsatz der Fabel ergibt sich natürlich aus einer *Katz und Maus* eigentümlichen Zweigesichtigkeit des erzählten Vorgangs: In die Fabel verschlungen wird auch das Verhältnis des Erzählers zu ihr mitgeteilt; mit den Worten des Pilenz: „Doch soll nicht von mir die Rede sein, sondern von Mahlke oder von Mahlke und mir, aber immer im Hinblick auf Mahlke" (21).

Der Lebensabschnitt Mahlkes, den Pilenz darstellt, erscheint nicht in der Komplexität wirklichen Lebens, sondern als das herausgelöste Bündel einiger Entwicklungslinien, die auf das Endereignis zustreben. Mahlkes Leben und Schicksal sind nur unter einem Aspekt gesehen, dem der Wirkkraft eines Mangels und seiner Kompensation. Dieser Aspekt ist im Dingsymbol verdichtet: Mit dem Ritterkreuz wächst dem Adamsapfel sein Gegengewicht zu. Alles, was außer dem Werdegang des Helden zum Hauptakteur im Gipfelgeschehen noch erzählt wird, steht entweder in direktem Zusammenhang damit, ist also Teil des ‚unerhörten Ereignisses', oder gehört zum Bild des Hintergrunds, auf dem allein es verständlich ist. So sind z. B. in den Auftritten der Ritterkreuzträger die Leitbilder der Jungen vorgeführt, die Mahlke zunächst und einerseits bloßstellen und aus dem Felde schlagen möchte, dann aber und andererseits, da sich dies als unmöglich erweist, zu erreichen und zu übertrumpfen trachtet. Ihre Reden spiegeln das geistig-moralische Fundament ihres Heldentums.

Auch von dem scheinbar geschwätzigen Abgleiten des Erzählers in Nebensächliches sollte man sich nicht täuschen lassen. Es gibt Gelegenheit, ausdrücklich auf den Erzählgegenstand hinzuweisen und ihn einzugrenzen, indem der Erzähler sich ermahnt, bei der Sache zu bleiben. Wenn etwas für die Fabel unwesentlich ist, dann hat es Bedeutung für das Verhältnis des Erzählers zur Fabel. So läßt die Umständlichkeit in der Bemerkung „Ich, Pilenz – was tut mein Vorname zur Sache –" (80) argwöhnen, daß Pilenz unter der Oberfläche des genannten Grunds für das Verschweigen seines Vornamens einen anderen, den eigentlichen, hat. Er hätte ihn ja einfach weglassen können; die Jungen in der Novelle kennen und nennen einander beim Zunamen. Und hätte er ihn genannt, so wäre die Aufmerksamkeit weniger von der Sache ab und auf ihn gelenkt worden als so. Was steckt dahinter? Bei Heranziehung von *Hundejahre* liegt folgende Vermutung nahe: Dort hat Pilenz denselben Vornamen wie der „mickrige" Prügelknabe Heini Buschmann (72f.), der die ungerechten Schläge Mallenbrandts grinsend hinnimmt. Im Schülerjargon ist ein ‚Heini' ein verächtlicher und unpopulärer Mensch, der armselig und feige oder hinterhältig und gemein oder beides ist. Vielleicht ist das Novellengeschehen, erzählter und Erzählvorgang, die tückische Tat eines „Heinis", der sich dafür gerächt hat und weiter rächt, nicht aus dieser Rolle erlöst worden zu sein, und zwar besonders an demjenigen, den er sich als Erlöser auserkoren hatte, an Mahlke.[22] So verstanden, zeigt das betonte Verschweigen des ihn charakterisierenden Vornamens einmal mehr das Schwanken des Pilenz zwischen Verschleierung und Überbewertung seines Schuldanteils.

3.3 Motivketten und Motivverflechtung

Besonders deutlich ist die Novellenstruktur an der Motiventwicklung zu sehen. Die Motive wandeln sich von schwachausgeprägten, harmlosen Vorformen hin zu der Gestalt, in der sie ereignisbildend werden. Zugleich mit dieser sukzessiven Verwandlung gleiten sie aus ihren im Geschehen verstreuten Positionen in das Endbild wie in ein Mosaik zusammen. Kleine Stoffeinheiten wiederholen sich, werden variiert und nehmen komplexere Formen an. Sie rücken aus Rand- in Seiten- oder gar Mittelstellungen und aus isolierter Position in Motivkomplexe, die wiederum miteinander im Austausch ihrer Einzelteile stehen. Wie von blindem Drang auf ihr Ziel getrieben, wechseln sie von Kontext zu Kontext, bis sie schließlich in ihrer zufallsfreien, voll ausgeprägten Gestalt im Gipfelereignis landen, wo sie ihren Zweck erfüllen und danach mit dem Ende der Geschichte zur Ruhe kommen.

Das Motivgefüge in *Katz und Maus* ist sehr kunstvoll und einer ausführlichen Darstellung wert. In diesem Zusammenhang sei nur auf zwei Züge daraus aufmerksam gemacht, die in besonderem Maße zum Novellencharakter beitragen: die Ketten zentraler Motive und die Verflechtung von Nebenmotiven. – Das Kernmotiv ist der einen Makel verdeckende Halsschmuck. Es reift in einem vielstufigen Prozeß von silbernem Madonnenamulett über Schraubenzieher, Medaille der schwarzen Madonna, Büchsenöffner, Puscheln, Sicherheitsnadel, Leuchtplakette, Grammophonkurbel, Krawatte und gestohlenes Ritterkreuz bis zum verdienten Ritterkreuz, das die schicksalhafte Wende in Mahlkes Leben markiert, vom silbernen Amulett, das nicht viel mehr als ein Requisit der Handlung ist, bis zum Ritterkreuz, das als Dingsymbol der Novelle ihre Tönung gibt. Als Parallelfigur zu dieser Reihe fungiert die Trillerpfeife des Studienrats Mallenbrandt, die den Mangel echter Autorität verdeckt, als makelloses Gegenbild die Rettungsmedaille des Vaters.

Am Nebenmotiv der Fleischkonserven sollen die Einschmelzung in die Schlußpointe und die Verzahnung im Gesamtgeschehen vorgeführt werden. Nach der Entscheidung Mahlkes, auf dem Kahn unterzutauchen, geht Pilenz Proviant für ihn holen. Er bekommt von Tante Susi zwei Kilobuchsen Schmalzfleisch und einen Büchsenöffner, dazu die Mahnung, das fette Fleisch gewärmt zu essen, da es sonst schwer verdaulich sei (131). Mahlke nimmt die beiden Dosen mit nach unten, läßt aber den Büchsenöffner, auf dem Pilenz seinen Fuß hat, zurück (137). Dieser Handlungsausschnitt provoziert konkrete Unterfragen zu der sinngebenden, offenbleibenden Frage, ob Mahlke noch lebt, und aktiviert sie dadurch.

Wird Pilenz, indem er den Büchsenöffner unter seinem Fuß versteckt hält, objektiv schuldig (Mahlke vergißt ihn, weil er ihn nicht sieht) oder nur subjektiv durch die böse Absicht (Mahlke will ihn gar nicht, was Pilenz aber nicht wissen kann); oder will Pilenz gar, seiner Methode getreu, jetzt einen Schuldanteil suggerieren (Mahlke kann in der ausgestatteten Funkerkabine die Büchsen auch so öffnen), nachdem er vorher durch die zweimalige Ermahnung, ihn nicht zu vergessen, das Gegenteil getan hat? – Wie kommt der Büchsenöffner unter den Fuß des Pilenz? Als Pilenz zurückkommt, gibt er ihn Mahlke in Zeitungspapier gewickelt in die Hand. Mahlke hält sich „am eingewickelten Büchsenöffner fest". Dann bricht, während das Wetter sich ändert, ein konfuser Wortschwall aus ihm heraus. Danach spielt Mahlke „lässig mit dem Büchsenöffner ohne Papier". Statt die Finger einer Hand, die im Boot am leeren Hals „fummeln", basteln jetzt auf dem Wrack beide Hände am Hals, und das Ritterkreuz hängt wieder dran. Der Büchsenöffner hat während des Umsteigens seinen Besitzer gewechselt. Er ist nicht mehr in Mahlkes Hand, die Situation ist verändert, Mahlke wieder obenauf. „Händereiben, Sonne brach durch, Gliederschütteln: Mahlke schritt das Deck mit besitzergreifenden Schritten ab, summte sich ein Stück Litanei, winkte zu den Möwen hoch" (135). Was ist geschehen? Ist Mahlke wieder der alte, der er vor dem Zusammenbruch war? Hat er sich entschlossen, den alten Traum, den er aufgeben müßte, um nach neuen Lebensgesetzen suchen zu können, weiterzuträumen und auf das Überleben zu verzichten? Wenn ja, dann stünde das Festhalten am Büchsenöffner für die angstvoll anvisierte Möglichkeit, weiterzuleben und mühsam neu anzufangen; das Spielen mit dem Ritterkreuz hingegen wiese auf die heiter distanzierte Treue zu dem gescheiterten, aber noch immer einzig geliebten Jugendtraum. – Hat Mahlke den Büchsenöffner vergessen oder absichtlich nicht mitgenommen? Auf das Drängen des Pilenz, sich mit dem Untertauchen zu beeilen, da er das Boot zurückbringen müsse, antwortet Mahlke mit dem wunderlich ungereimten Sinnspruch: „Reisende soll man nicht aufhalten" (135), der sich im logischen Zusammenhang des Kontexts auf den fortstrebenden Pilenz bezieht, dem Ton nach aber eine Mahnung an sich selbst ist, den Aufbruch zu jenem fernen Land nicht länger hinauszuzögern. Die Mitnahme der Konserven diente dann zur Täuschung von Pilenz, wozu die Mitnahme auch noch des Büchsenöffners zu viel des Guten wäre. Daß Mahlke Pilenz zunächst in flottem Befehlston auffordert, abends mit dem Boot zu kommen: „Den rudern wir, damit du Bescheid weißt, heute noch an" (135), dann aber vor dem Untertauchen nicht einmal „Also, bis heute abend!" (137) sagt, unterstützt diese Erklärung.

Aber es kann auch sein, daß Mahlke den Büchsenöffner zurückläßt, weil ein zweiter noch in der Kabine ist (130). Wenn er sich zum Weiterleben entschlossen hat, wird er Nahrung zum Überleben brauchen. Wird er das fette Fleisch auch wärmen und bekömmlich machen? Spirituskocher, Brennstoff, Aluminiumtopf und auch Kerzen sind in der Kabine (59); „Hauptsache ist, das Feuerzeug macht noch mit, denn Sprit hat es unten genug." (136) Mahlke hat vor, ein neutrales Schiff anzurudern; doch Pilenz bringt das Boot zur verabredeten Zeit nicht. Wird Mahlke in der Lage sein, hinüberzuschwimmen? Schon die auf nüchternen Magen genossenen unreifen Stachelbeeren hatten ihm solche Bauchschmerzen verursacht, daß er nicht einmal zum Wrack schwimmen konnte und Pilenz ein Boot holen mußte. Auch das stundenlange Herumlaufen im Regen nach durchwachter Nacht sowie der ebenfalls stundenlange Aufenthalt ohne Kleider in der kalten, klammen Funkerkabine können Folgen haben. Vielleicht ist seine wirre Rede schon im Fieber gesprochen. Hinzu kommt, daß Mahlke von schwächlicher, anfälliger Konstitution ist und nur mit eisernem Willen seinen Körper zu den Leistungen zwingen konnte, für die er nicht gemacht war. Dieser Wille aber ist jetzt gebrochen. Dennoch ist er am Schluß wieder der Große Mahlke, der „eine andere Melodie in seinen abstehenden Ohren" hat als Pilenz (122) und dem gelingt, was er sich in den Kopf gesetzt hat: „Kopf voran und mit zwei Konservendosen beschwert, tauchte er weg: runder Rücken und Gesäß folgten dem Nacken. Ein weißer Fuß stieß ins Leere" (137). Das ist wie früher: „War mit dem Kopf ... zuerst weg, zog Rücken und Gesäß nach, stieß links einmal leer die Luft ..." (14); nur mit Konserven war er damals nicht beschwert. – Mit Tulla Pokriefke als Ursache für Mahlkes Desertion wiederum gewinnt ihr ewiges „Gequatsche vom toten Mariner im Kahn" (35), das sonst ein blindes Motiv bleibt, hinweisende Bedeutung für Mahlkes Verschwinden. Aber war Mahlke wirklich mit Tulla zusammen (127)? Auch die Erwähnung der Stelle, von der Pilenz zum letzten Mal Ausschau nach Mahlke hält, der „Platz vor dem Kriegerdenkmal", „die höchste Stufe des Denkmalpodestes" (139), weist in diese Richtung. Aber schließlich sucht Pilenz, der Hauptzeuge ist und alles erzählt, auch nach fünfzehn Jahren noch unermüdlich nach Mahlke, rechnet also mit seinem Überleben.

Je genauer die einzelnen Aussagen betrachtet und als Indizien gegeneinander abgewogen werden, desto wirksamer wird der Schwebecharakter des Schlusses herausgetrieben. Mahlkes Tod gäbe der Geschichte ein trauriges, Mahlkes Weiterleben ein glückliches Ende. Das Wissen von Mahlkes Tod schlösse Pilenz in die grüblerische Unruhe seines Gewissens ein; das Wissen von seinem Leben würde ihn frei zu neuem Anfang machen. So bleibt ihm beides halb.

Wie für das ganze Schlußereignis, ist der Leser auch für die finale Entwicklung des Leitmotivs „Fleischkonserve" wohl vorbereitet, weil er seine Elemente schon kennt. Als Pilenz die Tante Mahlkes Anfang 1944 auf der Straße trifft, erzählt sie ihm in ihren „Einkaufgeschichten", „daß der Fleischer Ohlwein Schmalzfleischkonserven erwarte" (103). Konservendosen liegen im „Strießbach, einem Rinnsal voller Blutegel" (123). Fleischkonserven spielen auch bei Mahlkes frühen Heldentaten eine Rolle. So wie er am Schluß welche nach unten nimmt, bringt er am Anfang welche aus dem Kahn herauf, womit das Konservenmotiv mit dem Motiv des Auf- und Untertauchens verzahnt ist. Damals ißt er „angebliche Froschschenkel" vor den Augen der anderen, denn er verdirbt sich nie den Magen, den anderen aber wird schlecht (Verzahnung mit dem Motiv der Bekömmlichkeit). Mit den Resten und „vergammeltem Corned Beef" füttert er Möwen (26), die alles fressen und nie etwas merken. Das Konservenmotiv unterstützt hier das Motiv vom sinnlosen Essen schlechten Zeugs, das seine Endform findet, wenn Mahlke die unreifen Stachelbeeren ißt – „fraß er das Zeug immer noch in sich hinein" (131). Mit dem „In-sich-hineinfressen" klingt eine übertragene Bedeutung dieses Motivs an. In den Möwen tritt es verbunden mit dem Motiv der Gier auf. Sie repräsentieren die irre Freßgier. Da die Möwen geringe Funktion im Handlungsablauf haben, ist es hier besonders eindrucksvoll und gewinnt symbolische Kraft. Mahlke ist „von Natur verfressen" (25). „Auch daß er getürmte Stullenpakete in die Schule, in die Badeanstalt schleppte und während des Unterrichts, kurz vor dem Baden Margarinestullen tilgt, kann nur ein Hinweis mehr auf die Maus sein, denn die Maus kaute mit und war unersättlich" (31). Mahlkes Unersättlichkeit ist sein ereignisbildender Charakterzug. Sie verführt ihn dazu, schlechtes Zeug (hier im übertragenen Sinne gesprochen) in sich hineinzunehmen und sich damit zu verderben. Damit gewinnt das Motiv vom Magenverderben Bedeutung, und es fällt ein Licht auf das unverständliche Stachelbeeressen am Schluß. Mahlke, der sich nie den Magen verdirbt, will es mit Gewalt dazu bringen. Das Stachelbeeressen wäre so der in einen konkreten Vorgang externalisierte Versuch des aufgerüttelten und an sich und seinem bisherigen Streben zweifelnden Mahlke, mit Gewalt eine Abwehrreaktion gegen das „unreife" Zeug, das er in sich hineingefressen hat, hervorzurufen. Erst nachdem er von der Verhaftung seiner Mutter erfahren hat, also zum ersten Mal die schlimmen Konsequenzen seines Handelns begreift, sagt er: „Ich kann nicht schwimmen ... wirklich nicht, ich habe Bauchschmerzen. Die verdammten Stachelbeeren" (132). Sein Zusammenbruch ist körperlich und seelisch begründet. Die Bauchschmerzen Mahlkes am Schluß endlich sind über seine chronischen Halsschmerzen während des ganzen Geschehens mit den lärmenden Zahnschmerzen des Pilenz am Anfang verbunden. Eine Variation des Schmerzmotivs sind die Rückenschmerzen der Frauen (105).

Aus dieser – hier ausschnittsweise vorgeführten – motivischen Verzahnung des Schlußereignisses in das vorangehende Geschehen bezieht der Novellenvorgang seine Überzeugungskraft; sie ruft den Eindruck des Unabwendbaren und Schicksalhaften hervor.

3.4 Die „unerhörte" Geschichte des Ritterkreuzträgers Joachim Mahlke

Die Geschichte Joachim Mahlkes handelt von einem jungen Menschen, der versucht, in unmenschlicher Zeit zu überleben, und schließlich scheitert.

Im Novellenthema von der Katze und der Maus, von Verfolger und Verfolgtem, kommt Joachim Mahlke die Rolle eines Verfolgten zu, der auf der Flucht immer wieder von seinem Verfolger eingeholt wird und ihm immer wieder entkommt, so lange wie bei zunehmender Versehrung die Kraft dazu reicht. Die Eingangsparabel führt den Vorgang ein, in dem eine Katze Mahlke an die Gurgel, seine Maus, springt. Mahlke schreit und trägt „unbedeutende Kratzer davon" (7).

Joachim Mahlke ist ein Außenseiter, der sich physisch und psychisch wesentlich von den anderen unterscheidet. Seine äußere

Beschaffenheit prädestiniert ihn zum Opfer, seine innere Beschaffenheit motiviert seine Geschichte. – Mahlke ist häßlich auf eine, wie aus den Reaktionen seiner Mitschüler hervorgeht, mitleiderregende, abstoßende und provozierende Art: Sie nennen ihn „‚Suppenhuhn'" oder „‚Der Schlucker'" (78). Er gibt „eine komische Figur" ab (8) und ist „ein dürftiges Gespenst" (54), schmächtig und schwächlich, dabei „krumm und großknochig" (12). Er hat „dünne lichtempfindliche" (116), nach dem Tauchen „körnige schrumpfende Haut", „Mahlkes Rücken" ist „eine streckenweise käsige, von den Schultern abwärts krebsrot verbrannte Fläche, der sich immer wieder beiderseits der reibbrettartig durchtretenden Wirbelsäule neuverbrannt die Haut" schält. Nach dem Tauchen hat er „gelbliche Lippen" mit blauen Rändern (10), ist überhaupt „bibbernd und bläulich". Er hat „Knubbelknie" (19), große Hände und lange, „gelbliche Nägel" (8). Auch sein ausladender Hinterkopf ist knubbelig. „Ohren zum Schaumschlagen" (110) zeigen innere Bewegung an, indem sie glasig werden oder hochrot anlaufen. Das Gesicht ist „länglich mager, um die Backenknochen muskulös". Für das Aussehen des Mundes gibt es zwei Versionen: Er ist sauer verkniffen oder hat eine aufgestülpte, vorstehende Oberlippe, die seine „beiden oberen Schneidezähne, die gleichfalls nicht senkrecht, sondern hauerartig schräg" stehen, nie ganz verdeckt. Die Nase ist „fleischig, bei kaltem Wetter schnell gerötet", und von Mitessern besetzt. Er hat gerötete, meist entzündete Lider mit wenig Wimpern und „helle aber nicht leuchtende" Augen (36), darüber „leidend zur Nasenwurzel strebende Brauen" (41). Das dünne, haltlose Haar festigt er mit Zuckerwasser; es kommt vor, daß es „in verklebten Spießen um den zerstörten Mittelscheitel" (53) steht. Sein Adamsapfel, unter spitzem, kümmerlichem Kinn, ist so groß und beweglich, daß er Schatten wirft und selbständiges Leben zu haben scheint; „bemerkenswerterweise" hebt „die Länge seines Geschlechtsteils das sonst auffällige Hervortreten seines Adamsapfels auf und" erlaubt, „einer wenn auch bizarren, dennoch ausgewogenen Harmonie, seinen Körper zu ordnen" (34). – Der Adamsapfel und das Geschlechtsteil sind die beiden Körperteile, die wegen ihrer unerhörten Größe Aufsehen und befremdetes Erstaunen erregen. Sie sind die Joachim Mahlke kennzeichnenden äußeren Merkmale. Ihnen entsprechen ebenso unerhört stark ausgeprägte innere Eigenschaften.

Dem Volksglauben nach ist der Adamsapfel ein Stück der verbotenen Frucht, die Adam im Halse steckengeblieben ist. Ihr Genuß verleiht das Wissen um Tod und Sterben sowie die Gabe, zwischen Gut und Böse zu unterscheiden. Zur Strafe für die Verbotsübertretung wird der Mensch aus dem Paradies vertrieben und muß sein Brot im Schweiße seines Angesichts essen. All das deutet auf die Besonderheit Mahlkes, die seine Geschichte motiviert. Am Ende seiner Kindheit, das mit dem Beginn des Zweiten Weltkriegs zusammenfällt, wird Mahlke seiner selbst als eines potentiellen Opfers gewahr. Es wird ihm bewußt, daß er und das Menschliche, soweit es seine individuelle Existenz gewährleistet, in Gefahr sind. Dieses Wissen um sein Bedrohtsein[23] ist darum unerhört, weil es den weiteren Gang seines Lebens allbeherrschend bestimmt. Angesichts dieser Bedrohung werden Angst vor dem Untergang und der Wille zur Selbsterhaltung die Motoren, die Joachim Mahlke in eine Flucht nach vorn treiben und zwingen, sein Leben als einen Überlebenskampf zu führen. Seine Vorbilder sind die Jungfrau Maria wegen ihrer Reinheit und Leidensfähigkeit und sein Vater wegen seines nützlichen Lebenswerks im Dienste und schließlich zur Rettung anderer. Mahlke möchte in seinem Leben rein bleiben und etwas Nützliches tun. – Während der große Adamsapfel für das Gewahrsein seiner existentiellen Bedrohung steht und seine Bewegung der Gradmesser von Mahlkes Angst vor dem Untergang ist, steht das große Geschlechtsteil für die Kraft und den Willen zur Selbsterhaltung, der so unbändig ist, daß Mahlke notfalls entgegen seiner humanitären Grundeinstellung handelt.

Mahlkes Geschichte beginnt, als er sich entscheidet, der Bedrohung vorzubeugen und mit anderen Jungen aus seiner Klasse im Sport mitzuhalten. Es fällt ihm schwer, so muß er z. B. zuerst mit Acht- bis Zehnjährigen trocken schwimmen und wird dann im Sand und an der Angel gedrillt. Mit außerordentlicher Zähigkeit, „steif verbissen", „ernst und beflissen" (8 f.) übt er; Wunderdinge, die er von dem Wrack, auf dem sich die anderen Jungen tummeln, hört, geben ihm Auftrieb, bis er schließlich die Freischwimmerprobe besteht. Kaum zugelassen, imponiert er den anderen mit seinen Tauchertaten und steht „vom ersten Tag an ganz groß da" (10). Von Beginn seines Auftretens an trägt Mahlke zum Zeichen seiner Verpflichtung auf den Vater einen Schraubenzieher (9) und auf die Jungfrau Maria ein Marien-Amulett (11) am Hals.

Kaum hat Mahlke es geschafft, von den anderen als einer der ihren angenommen zu sein und für seine besonderen Leistungen Anerkennung zu finden, beginnt er, sich in einer ihm gemäßen Rolle zu etablieren. Seine neue Frisur, der Mittelscheitel, entspricht der Art, wie seine Haare beim Auftauchen natürlich auseinander fallen. Er schlägt aus seinem Aussehen Kapital, indem er seine Ungewöhnlichkeit durch das Tragen von Kleidungsstükken seines verstorbenen Vaters steigert. Er folgt dessen Vorbild und läßt z.B. kameradschaftlich jeden in der Klasse abschreiben, er bewahrt den alten, halbblinden Studienrat Treue vor einem Streich und beteiligt sich an „Altmaterialsammlungen" und dem „Sammeln für das Winterhilfswerk" (27). Der Jungfrau dient er durch eifrigen, regelmäßigen Kirchenbesuch und hat, seinem Reinheitsideal gemäß, „auffallende Abscheu vor den üblichen Sauereien der Tertianer" (24). Es hängt ihm „kein schlechter, kein guter, ein legendärer Ruf" (27) an.

Als Studienrat Brunies die Schüler nach ihrem späteren Beruf fragt, antwortet Mahlke: „‚Ich werde einmal Clown werden und die Leute zum Lachen bringen.'" (20) Der Clown, den Mahlke dabei im Sinn hat, ist die komische Figur im Zirkus, eine groteske, puppenhafte Menschengestalt mit charakteristischer Maske: kalkweißes Gesicht, ungestalte, oft in eine feste Form frisierte Haare, großgemalter roter Mund, randlose, senkrecht durchstrichene Augen in großen Augenhöhlen und unter hohen Augenbrauen, abstehende Ohren. Der Akt des Clowns ist die Vorführung seiner Versuche, etwas fertigzubringen und richtigzumachen. Dies gelingt ihm nie, weil er alles verkehrt anfaßt und seine Aufmerksamkeit nicht vernünftig auf Wesen und Zweck der Unternehmung, sondern nur auf die äußerliche Nachahmung kurzer Schritte gerichtet ist. Manchmal vollbringt er Großleistungen, die nicht in seiner Absicht lagen, die er aber als Erfolg wertet, so daß eine fast irrsinnige Freude darüber seine todernste Grundstimmung für einen Augenblick unterbricht. Der Clown ist die groteske Verkörperung eines besonderen Außenseiters. Dieser strebt nicht nach dem Besonderen, sondern arbeitet unermüdlich daran, normal und wie die anderen zu sein; aber er wird nie für voll genommen und versagt immer. Sein einziger Kontakt mit anderen Menschen besteht darin, daß er sie zum Lachen über sich bringt. In anderen Beziehungen ist er nicht denkbar. Verständnislos, hilflos und allein ist er der ihn umgebenden Welt und ihren Forderungen ausgesetzt. Er lehnt sich nicht gegen die Ungerechtigkeit seiner Lage auf, denn er sieht sie nicht. Töricht und unreflektiert, arbeitet er emsig drauflos. Seine Mißerfolge machen ihn zwar traurig, bringen ihn aber nicht zur Verzweiflung; er gibt die Hoffnung nie auf und fängt immer wieder von vorn an. So ist er der permanent Scheiternde. Hätte er Erfolg und fände er Aufnahme in die Gemeinschaft der Normalen, dann hörte er auf, ein echter Clown zu sein.

Mit der käsigen Haut, der fleischigen Nase, den aufgestülpten Lippen, den starr blickenden, wimpernlosen Augen, den leidend hochgezogenen Augenbrauen, dem festgeklebten Mittelscheitel, den abstehenden Ohren und dem spitzen Kinn ist Mahlkes Gesicht ein Clownsgesicht.[24] Einmal macht ihm der Horizont gar einen Strich durch beide Pupillen, wenn auch nur einen Querstrich. (105) Auch seine Kleidung mit den großen Schnürschuhen, dem klamottenhaften Mantel, der buntgetupften Krawatte und den Ohrenschützern hat etwas von einem Clownsanzug. Nach Ansicht von Pilenz übt Mahlke sich als Clown: „Spaßmacher, den Clown Grock, auch Chaplin im Kino, sah ich mit ähnlich großen Sicherheitsnadeln arbeiten – und Mahlke übt". (41)

Im zweiten Sommer auf dem Wrack wird die Bedrohung akut, denn Tulla Pokriefke verdrängt Mahlke aus dem Brennpunkt des Interesses. Unbeachtet sitzt er abseits und beteiligt sich nicht an der „Olympiade" im Masturbieren; er hat ja Abscheu vor den „üblichen Sauereien der Tertianer". Tulla findet nicht nur das „richtige anstachelnde Wörtchen", sie findet es auch im richtigen Augenblick, nämlich kurz nachdem Mahlke vom Tauchen hochgekommen ist, ohne etwas, „das er hätte vorzeigen können", und nur wie üblich „bibbernd". Mahlke ist im Begriff, den schützenden Nimbus von Größe zu verlieren, denn Tulla vermutet Unfähigkeit hinter seiner Abstinenz: „Oder kannste das nich'?", und die anderen glauben sie ihm nicht, sind vielmehr sicher, daß er „in seiner Bude zwischen Schnee-Eule und Sixtinischer Madonna den gleichen Sport" betreibt. Unter dem Zwang, sich beweisen zu müssen, exzelliert er in etwas, was er nicht tun will und verabscheut, und verstößt gegen sein Reinheitsideal. Aber nicht nur das. Er reagiert gewalttätig auf diesen Zwang von außen und gibt Tulla zwei Ohrfeigen, womit er auch seiner humanitären Grundeinstellung zuwiderhandelt. Daß er Angst dabei hat, verrät der

Adamsapfel, der „außer Rand und Band" (33) gerät. Bei den anderen verfehlt seine Rekordleistung ihre Wirkung nicht, und er wird wieder in Ruhe gelassen. Er hat sich freigekauft mit einer Einbuße an Integrität. Das Raubtier, die Katze, in der eigenen Brust ist losgebrochen, und die Rivalin und Verführerin Tulla ist nur sein erstes Opfer. Es ist nicht bekannt, was Mahlke mit ihr „wohl aus erzieherischen Gründen" im Vorschiff macht, aber es ist bedenklich, daß „sie ihm graugelb im Griff" hängt (35), als er sie hochbringt. Kurz darauf trifft es den neuen Mitschüler Karel, den Mahlke „mit stählernem Schraubenzieher, den er vom Hals gerissen hatte" (38), beinahe zusammenschlägt, weil er mit der Erlöserkarikatur auf Kosten Mahlkes wieherndes Gelächter geerntet hat. Es folgen andere Gewalttaten mit der gleichen Verhaltensstruktur; sie gipfeln in seinen Kriegstaten: Seine Überzeugungen lassen sie nicht zu – „Weißt ja, wie wenig ich davon halte: Militär, Kriegspielen und diese Überbetonung des Soldatischen" (92) – er sieht keinen Sinn darin, aber er vollbringt sie trotzdem, weil er nur so die anderen Ritterkreuzträger ausstechen kann.

Mahlkes nächster Coup ist, daß er mit aus den Wollsocken seines Vaters angefertigten Bällchen die Puschelmode einführt; aber die „Puscheln versagten"; Mahlke vereinsamt. Man sieht ihn „immerzu und in monumentaler Einsamkeit … Leidend … Entsetzte Augen, die wasserblaß mehr sehen, als da ist" (40/41), nämlich die Bedrohung – die Katze, die hinter allem auf ihn lauert –, deren sich Mahlke immer bewußt ist. Die Angst wächst, und er visiert die Flucht nach draußen an, z. B. mit dem Loch im Eis, das er genau über der Einstiegsluke zum Vorschiff schlägt. Dabei macht er die Jungen, die ihn mit den Berliner Cousinen aufstöbern, zu „kleinen frierenden Jungs" neben sich. Dafür bringen die dann die Mädchen so weit, daß sie „Joachim Mahlke komisch und oben nicht ganz richtig" (45) nennen. „Auf den Strand geworfene Fische schnappen so regelmäßig nach Luft" (48), wie Mahlke in dieser Zeit am Marienaltar betet.

In dieser fatalen Situation kommt Hilfe durch das Auftreten des ersten Ritterkreuzträgers. Mahlke spendet dessen Rede in der Aula des Conradinums keinen Beifall, weil er sich nicht für Kriegshelden und noch weniger für diese Rede begeistern kann; aber das Ritterkreuz als das Ding, das seinen Träger zum Star macht, zieht sein Interesse unwiderstehlich auf sich, denn das ist genau und allein, was er braucht. Er wirft die Puscheln weg. Doch wessen er hier als lebensrettendes Ziel inne wird, das liegt nicht in seiner Reichweite. Mahlke, der nie schwitzt, bricht der Angstschweiß aus. Es ist seinem Wesen entgegengesetzt, ein Kriegsheld zu werden. So steht er vor dem Dilemma, daß er, um sich vor dem Untergang zu bewahren, sich im Wesentlichen zerstören muß. Er verliert die Facon – „sein Zuckerwasserhaar" steht „in verklebten Spießen um den zerstörten Mittelscheitel" –, aber er fängt an, seinen Einsatz zu überschlagen: „Jetzt müssen sie schon Vierzig runterholen, wenn sie das Ding haben wollen." (53) Dann versucht er es noch einmal als Clown und steckt sich Mantel und Shawl mit Leuchtplaketten voll. Aber er ist der todtraurige Clown, den niemand mag, „ein dürftiges Gespenst" (54), das niemand fürchtet. Von Leid, Einsamkeit und Hoffnungslosigkeit erfüllt, schreitet er in dieser dunklen Zeit „im Zwielicht" und denkt, wie Pilenz meint: „ich will wieder tauchen und unter Wasser sein." (54)

Im nächsten Sommer auf dem Wrack bleibt Mahlke in sich gekehrt und schaut ins Meer hinaus. Indem er einen Untertertianer vor dem Ertrinken rettet, tritt er in die Fußstapfen seines Vaters; das ist eine Tat, auf die sein Vater stolz gewesen wäre. Bei den Wiederbelebungsversuchen gibt er fachkundige Anweisungen, kann also seiner Neigung gemäß etwas Nützliches tun. Das bringt auch ans Licht, daß es ihm ernst ist mit der Vaternachfolge und er sich die zur Rettung von Menschenleben notwendigen Kenntnisse erwirbt. Die Rettung des Untertertianers, so nebenbei sie auch erwähnt wird, ist der wahre Höhepunkt im Leben Joachim Mahlkes. Die Entdeckung des Zugangs zu der intakten Funkerkabine ist das Gegenstück dazu. An diesem Punkt scheint eine Rettung vor den Mahlkes Existenz bedrohenden Kräften im Bereich der Möglichkeit. Die Funkerkabine bekommt die Bedeutung einer letzten Zufluchtsstätte. Mit Mahlkes Worten: „Könnte sich drin verkrümeln, wenn's mal brenzlich wird." (58) Auch dieses Moment der Novelle ist „unerhört" und „ungehört", denn welcher junge Mensch in Mahlkes Umständen dachte damals (Sommer 1942), daß es für ihn so brenzlig werden könnte, daß er sich verkrümeln müßte?

An der Besessenheit, mit der Mahlke seinen Kram in die Funkerkabine transportiert, bewundern die anderen „gerade das Sinnlose und bewußt Zerstörerische" (61), das Clownhafte also. Tatsächlich haben Mahlkes Tauchunternehmungen jetzt einen Sinn.

Nicht mehr zelebriert er mit dem Grammophon den „Leerlauf" (23), sondern mit Lieblingsmelodien die Sicherstellung seiner Flucht. Die Bewunderung, mit der die anderen sein geheimes Tun in der Funkerkabine verfolgen, schlägt aber auf einmal um: „wir fanden ihn widerlich und zum Weggucken. Dann tat er uns ... mäßig leid. Auch fürchteten wir Mahlke, er gängelte uns." Es ist jetzt offenkundig, daß es für Mahlke nur extreme Möglichkeiten gibt, und sie gehen jede Wette ein: „Der hängt sich irgendwann mal auf oder kommt ganz groß raus oder erfindet was Dolles." (63) In diesem Sommer melden sich die ersten Mitschüler freiwillig zum Militär. Der ein Jahr ältere Mahlke, der die besten Chancen hat, vor ihnen „rauszukommen", gibt dazu den Kommentar: „‚Bei Euch piept's wohl!'" (79) und meldet sich selbst nicht.

Das Auftreten des zweiten Ritterkreuzträgers führt zum Höhepunkt von Mahlkes Laufbahn als Clown und zur Krise in seiner Gesamtentwicklung. Es gibt „allen Gesprächen über Mahlke eine neue, wenn auch nicht grundsätzlich neue Richtung." (64) Gleich bleibt seine Flucht nach vorn, neu ist, daß er einen gefährlichen Haken dabei schlägt, als er das Ritterkreuz zum Ziel seiner Anstrengungen macht. Er versucht es zuerst als Clown. Während des Vortrags des Ritterkreuzträgers zittert er vor Angst. Er zuckt und fühlt „sich erkannt" (66), anscheinend mit seinem Plan, das Ritterkreuz zu stehlen. Wieder beteiligt er sich nicht am Applaus. Beim Geräteturnen mit dem Kapitänleutnant hält außer dem besten Turner nur er mit, bis er aufgeben muß. Mit der „Krawattenpremiere" stellt er dem Auftreten des Ritterkreuzträgers das eines erwachsen werdenden Zivilisten entgegen, fällt aber „nicht sonderlich auf" (74) damit. Als aber bekannt wird, daß er das Ritterkreuz gestohlen hat, ist der Ritterkreuzträger abgemeldet, und er ist fortan „Der Große Mahlke" (78).

Auf Clownsweise ist Mahlke in den Besitz des Ritterkreuzes gekommen, hat er es „ehrlich verdient" und ist mit ihm am Ziel seiner Wünsche. Aber dann auf dem Wrack wächst er über die Clownsrolle hinaus. Der Adamsapfel ist jetzt nur in Bewegung, „weil er überall lebendig und zum erstenmal bißchen albern" ist. Im Besitz des Ritterkreuzes und der Funkerkabine erlebt er eine Art Euphorie, die den Bann seiner Verfolgungsangst löst und ihn seine Verfolger mit befreiendem Abstand sehen läßt. Jetzt veralbert er seinen Rivalen, den kleingeistigen, aufgeblasenen und eitlen Kapitänleutnant, der sich gleich ein neues Ritterkreuz kauft, um seiner Verlobten und den anderen Gästen im Café zu imponieren, wenn er „mit gezierten Gesten die Bandenden über den Hüftknochen" hält und „ziemlich komisch ein Mädchen, doch kein bestimmtes Mädchen" imitiert. Auch als er zusammen mit Pilenz das Englandlied mit einem Wortlaut grölt, nach dem „Mädchen und Lehrerinnen der Gudrun-Oberschule mittschiffs angebohrt wurden" und „Sondermeldungen mit teils säuischen, teils bombastischen Versenkungsziffern durch hohle Hände" (83) schnarrt, drückt er aus, was er von Kriegsheldentum und Kriegstaten wirklich hält. Seine Aufführung ist nicht als Verstoß gegen sein Reinheitsideal zu verstehen und bedeutet das auch nicht für Mahlke, vielmehr ist sie ein Ausdruck seines Freiheitserlebnisses.

Mahlke bringt – jetzt wieder todernst – das Ritterkreuz zu Oberstudienrat Klohse. Er ist kein Dieb und auch kein Umstürzler, sondern ein anständiger Mensch, der sich, wie sich z. B. bei seinem Verhalten im Jungvolk zeigte (26f.), den Regeln der Gesellschaft fügt und nur ein bißchen Freiraum darin beansprucht, um so, wie er nun einmal ist, unbeschadet leben zu können. Die Rückgabe des Ritterkreuzes erweist sich als ein Clownsakt; Mahlke leitet damit die Katastrophe ein, denn er wird jetzt vom Conradinum verwiesen, und Klohse läßt verlautbaren, daß sich „Unerhörtes" (86), im Sinne von „unerhört Sittenwidriges", zugetragen habe. Mahlke hat damit sein Recht, als Ritterkreuzträger im Conradinum eine Rede zu halten, verwirkt.

In den folgenden Ferien meldet er „sich in ein Wehrertüchtigungslager mit der Möglichkeit vormilitärischer Funkerausbildung" (88). Die Wahl der Funkerausbildung deutet auf die Vorbereitung der Flucht. Er beginnt seine ihm wesensfeindliche militärische Laufbahn, bei der er paradoxerweise seine Selbstbewahrung mit Selbstzerstörung bezahlen muß. Nach den Ferien, noch bevor er zum Arbeitsdienst kommt, meldet er sich freiwillig bei den Panzerjägern mit der Begründung: „‚Das ist die einzige Gattung, die noch Chancen in sich hat'", womit er Chancen, die für das Ritterkreuz erforderlichen Abschüsse zu schaffen, meint, denn nur darum geht es ihm. Er fügt hinzu, daß er „sich kindisch vorkommen werde in solch einem Ding" und daß er „viel lieber was Zweckmäßiges täte oder was Komisches". Nach wie vor hält er nichts von „Militär, Kriegspielen und dieser Überbetonung des

Soldatischen.“ (92) Seine Überzeugungen haben sich also nicht geändert, und es wird ihm schwer, mit der Widersprüchlichkeit seines Tuns ins reine zu kommen. Wenn er von seinem Vater berichtet: „mein Vater konnte das Schlimmste verhüten und bekam nachträglich eine Medaille“ (98), dann deutet sich an, daß er die Vaternachfolge von etwas „Nützliches“ tun zu „das Schlimmste verhüten“ und „eine Medaille“ bekommen umgespult hat. Mit der Aktualisierung des Vatervorbildes geht auf dieser Stufe seiner Entwicklung eine Intensivierung der Marienverehrung einher. „Mahlkes Marienkult grenze“, so meint Gusewski, „an heidnischen Götzendienst“ (92).

Hier sei ein Blick auf Mahlkes Marienverehrung geworfen: Die Zugehörigkeit zur katholischen Kirche ist das sicherste Reservat von Mahlkes Anderssein, auf dem er dann auch bedingungslos besteht. Aber gläubig ist Mahlke nicht, so vermuten die anderen. – „‚Die Anbeterei, war das Spaß?‘“ (26); „‚Dabei glaubt er an nischt‘“ (27); „‚Da ist der viel zu sachlich für‘“ (27) –, und so gesteht er selbst – „‚Natürlich glaube ich nicht an Gott. Der übliche Schwindel, das Volk zu verdummen.‘“ (123). „Der Gekreuzigte interessierte ihn nicht besonders“ (31), denn Christus und die Nachfolge Christi widerstehen seiner Wesensart. (Das Christus- und Erlösermotiv gehört in die Pilenzgeschichte.) Statt dessen entwickelt er einen Marienkult, dem er quasi alle Anzeichen verdrängter oder, wenn man so will, sublimierter Sexualität zuschreibt: „er hatte immer, auch als er alleine auf dem vereisten Kahn seine runde Spur trieb, die Jungfrau Maria hinter oder vor sich, und sie schaute ihm“ zu, „war begeistert von ihm“ (46) –; wie einer Minnedame bringt er ihr seine Trophäen heim – „wenn schon Frau, nur die katholische Jungfrau Maria. Nur ihretwegen hat er alles, was sich am Hals tragen und zeigen ließ, in die Marienkapelle geschleppt. Alles, vom Tauchen bis zu den späteren, mehr militärischen Leistungen hat er für sie getan“ (36) – und der er als Troubadour die gesamte Pfingstsequenz sowie alle „zehn Strophen vom ‚Stabat Mater dolorosa‘“ vorsingt, als er erwägt, „die Funkerkabine in ein Marienkapellchen zu verwandeln.“ (60) Nachdem er sich zum Militär gemeldet hat, ist sie die Fürbitterin, vor der er als Büßer auf „einen rauhhaarigen Teppich“ „auf beide Knie“ (91) fällt. Im Krieg ist sie seine Schützerin – „Aber die Jungfrau wird mich auch weiterhin beschützen.“ (105) Maria wird für Mahlke immer mehr das wesenlose Medium seiner Selbstbestätigung. So wie sie für ihn wirklich ist, ist sie ein Geschöpf seines Willens, auf die jeweils besondere Art zu überleben, etwa indem er das Ritterkreuz erwirbt. Seinen inneren Nöten hilft sie in sich wandelnder, diesen Nöten aushelfender Gestalt, wie es am krassesten bei Mahlkes Panzerabschüssen geschieht.

Beim Gebet ist er so versunken – „Sein Kalbsblick. Immer glasiger wurde sein Auge" (48) –, daß er eine Art mystische Vereinigung zu erfahren scheint, nur eben, daß die Jungfrau, mit der er dabei verschmilzt, seine eigene Schöpfung ist, so daß sein Gebet eigentlich eine Einkehr bei sich selbst ist, in der er sich dazu bereitet, mit seinen inneren Schwierigkeiten fertig zu werden. So kann man auch verstehen, daß Mahlke nach dem von Gusewski besorgt beobachteten Gebet „auf neue Art ungezwungen" lacht und plaudert. (92)

Kurz nach Weihnachten wird Mahlke zum Arbeitsdienst einberufen. Wie im Jungvolk tut er auch hier seine Pflicht, widersetzt sich aber dem Unzumutbaren. Als der Oberfeldmeister ihn in sein Haus zum Kaninchenstallbauen beordert, weigert er sich „mit Zitat aus der Dienstverordnung", wofür er „geschliffen" wird, „bis ihm der Arsch auf Grundeis" geht. Dann muß er „zwei Tage in die Latrine: Honigschleudern." (110) Wie damals an Tulla, rächt er sich an dem Oberfeldmeister für die Verletzung seiner Würde. Er verführt dessen Frau und unterhält eine andauernde sexuelle Beziehung mit ihr. Daß der Marienkult in irgendeiner Weise in diese Sphäre einbezogen ist, bezeugt die in ein Kiefernbrett dem Latrinenbalken gegenüber gekerbte Inschrift seines Zunamens und darüber „Stabat Mater dolorosa" (108). Zum Sinnbild seiner jetzigen Lage wird die Allee des Schloßgartens Oliva, in der Pilenz ihn während dieser Zeit trifft. Mahlke befindet „sich in einer Allee, ähnlich jener tunnelartig zugewachsenen, dornenreichen und vogellosen Allee im Schloßpark Oliva, die keine Nebenwege hatte und dennoch ein Labyrinth war" (121). Daß Mahlke in einem Teich „ein unterirdisches Partisanen-Magazin" (111) entdeckt, wofür er einen kleinen Orden bekommt, deutet einmal auf die Fortdauer seiner Vorliebe fürs Tauchen und Untertauchen, zum anderen darauf, daß er mit charakteristischer Entschlossenheit dabei ist, sich mit soldatischen Leistungen hervorzutun.

Dann kommt Mahlke zu den Panzergrenadieren, zu denen er

sich freiwillig gemeldet hat. In einem Brief nach Hause zeigt er mehr denn je Fürsorge und mitmenschliches Interesse, indem er sich einfühlsam nach dem Alltag der Familie erkundigt. Den Krieg erlebt er von seiner menschenfeindlichen Seite: „Könnt Euch nicht vorstellen, wie heruntergekommen hier alles ist, wie armselig die Leute und die vielen Kinder." Von sich schreibt er nichts, keine Abenteuer und keine Erfolgsberichte, sondern nur allgemein. „‚Natürlich haben wir auch Verluste. Aber die Jungfrau wird mich auch weiterhin beschützen.'" (105) Aber am Ende des Briefes gibt er mit kleinen Zeichnungen die Zahl seiner Panzerabschüsse an. Die Summe dieser und der Zeichnungen auf anderen Briefen ergibt neunundvierzig. Mahlke erwirbt das Ritterkreuz in optimal kurzer Zeit, als der Jüngste und, auch das ungewöhnlich, im Range eines Unteroffiziers.

Sein nächstes Ziel ist, als ehemaliger Schüler und frisch dekorierter Ritterkreuzträger eine Rede in der Aula des Conradinums zu halten. Sie bedeutet für ihn eine Art Rechtfertigung und Wiedergutmachung dafür, daß er entgegen seinen Überzeugungen und im Widerspruch zu seinen Äußerungen gegenüber den anderen diesen Krieg freiwillig und mit besonderem Einsatz unterstützt hat. Er könnte seine Kriegstaten damit erklären, daß nur sie ihn dazu qualifizieren, die Schüler des Conradinums glaubwürdig über die Realität und das wahre Wesen des Krieges aufzuklären. Den romantischen Bombast der anderen Ritterkreuzträger will er mit der Beschreibung seines beschwerlichen und gefährlichen soldatischen Alltags – „‚Mußte als Ladeschütze immer raus und Bolzen nachschlagen, auch bei Beschuß.'" (133) – entlarven und die Schüler warnen, sich keine Illusionen über das Soldatentum zu machen. Mit der Geschichte seines Vaters will er demonstrieren, was wahres Heldentum ist.

Mit dem Vorenthalt der Erlaubnis, im Conradinum zu sprechen, ist Mahlkes Fremdartigkeit und Unzugehörigkeit besiegelt. Er gleicht dem Märchenjüngling, der alle Proben besteht und die Prinzessin doch nicht bekommen kann, weil er nur ein Ungeheuer in Verkleidung ist. Wieder einmal ist Mahlke der Boden unter den Füßen weggezogen, Zeit also im Rhythmus seines Überlebenskampfes, ein neues Ziel anzusteuern. Aber Mahlke – und seine Geschichte – zielt nicht über die Welt des Conradinums hinaus. Er ist am Ende. So schnell und energisch, wie er am

Anfang sein Auftauchen betrieben hat, betreibt er jetzt auch sein Untertauchen.

Joachim Mahlke setzt den Schlußstrich unter seine Anstrengungen, in dieser Welt als der zu überleben, der er ist. Er schlägt Oberstudienrat Klohse und emanzipiert sich damit von der Autorität der Schule und ihren Zwängen sowie von dem verbrecherischen System, zu dessen Diensten er sich der Schule zuliebe hergegeben hat. Mahlke schlägt sich frei.[25]

Von da an ist er auf der Flucht. Schrittweise baut er sein vergebliches altes Leben ab. Sein letzter Besuch in der Marienkapelle gilt der Bitte um Vergebung der Sünden. Im Spiegel des Gesprächs mit den Volksschülern, die um ein Autogramm bitten, verblaßt die Absicht, den Schülern des Conradinums eine aufrüttelnde Rede zu halten, zu bloßem Wunschdenken. Durch den unmäßigen Genuß unreifer Stachelbeeren begibt er sich der Fähigkeit, alles in sich hineinfressen zu können, ohne sich den Magen zu verderben, mit der er einst imponiert hat. Selbst Schwimmen kann er daraufhin nicht mehr und braucht ein Boot, um auf das Wrack zu kommen. Im Boot rekapituliert er Einzelheiten der geplanten Rede, und dabei geht ihm auf, wie nahe daran er in diesem Kampf um die Freiheit, in Treue zu sich selbst zu überleben, geraten war, gerade diese zu zerstören:

Er spricht von seinen Abschüssen, die er einer Erscheinung der Jungfrau Maria zu verdanken glaubt. Sie erschien ihm immer vor dem Panzer und hielt „nie das Kind, immer das Bild“ des Vaters vor dem Bauch. Mahlke muß genau zwischen seinen „Vater und den Heizer Labuda halten!“, um die Lokomotive und damit den Panzer an dessen gefährdetster Stelle „zwischen Turm und Wanne“ zu treffen.

Diese Erscheinungen sind ein Produkt seelischer Verstörtheit deutlich ödipalen Charakters. Indem Grass den Schützen Mahlke die Kanone „nicht auf die Brust (der Jungfrau Maria – I. H.), sondern tiefer“ richten läßt, treibt er das Spiel mit der psychologischen Sexualsymbolik bis an die Grenze der Peinlichkeit. Er weiß, daß er mit den Abschüssen seine Vaternachfolge verrät (die von diesem gerettete Lokomotive abschießt): „Mußte nur draufhalten draufhalten drauf.“ (134) Das mit gesteigertem Tempo (keine Satzzeichen, Wortverkürzungen) hervorgestoßene „draufhalten draufhalten drauf“ verrät, daß der militärische Akt Züge einer sexuellen Ersatzhandlung trägt. Der Bruch mit seiner Vergangenheit ist vollkommen; er ist wie ausgewechselt. Er hört auf zu schwitzen, denn die alte Angst vor der Bedrohung ist weg, und so sieht er jetzt auch über den „Brückenaufbauten" nicht mehr „als die üblichen Möwen." Der immer Verkrampfte sitzt „locker am Heck", spielt „lässig mit dem Büchsenöffner" und hat keine Bauchschmerzen mehr. Mahlke kehrt heim zu sich selbst. Er spielt „jenen aufgeräumten Onkel, der nach jahrelanger und abenteuerlicher Abwesenheit auf Besuch kommt, sich selbst als Geschenk mitbringt und Wiedersehn feiern will: ‚Halloh, Kinder, Ihr habt Euch überhaupt nicht verändert!'" (135). Darauf springt er ins Wasser und verschwindet. Die unerhörte Geschichte des Ritterkreuzträgers Joachim Mahlke ist zu Ende.

Es spricht manches dafür, Joachim Mahlke nicht nur als einen individuellen Charakter aufzufassen, sondern auch als Repräsentanten einer Situation, nämlich der des aus Not maskierten Helden. Zwischen den Taten, mit denen Mahlke die anderen nach deren eigenen Regeln überrundet (Schwimmen; Masturbieren; Panzerabschießen), liegen die viel zahlreicheren, die er außer Konkurrenz vollbringt (Tragen der Halsgehänge; Einrichten der Funkerkabine; Ordensdiebstahl; Kirchenbesuch und Beten). Ihr gemeinsamer Nenner ist, daß sie den allgemeinen Vorstellungen ihrer Zeit und Umgebung so zuwiderlaufen, daß Sie aus einer Protesthaltung zu kommen scheinen.

In Mahlke aber einen Widerstandskämpfer sehen zu wollen, hieße diesen Gedanken zu weit treiben.[26] Mahlkes Gegnerschaft ist psychologisch begründet, und ihre ideologische Basis ist verschwommen und ambivalent.

3.5
Die Grass-Novelle

Günter Grass hat vermittels der altmodischen, im 19. Jahrhundert beheimateten Novellenform ein modernes Lesepublikum erreicht. Welche Einsicht läßt sich daraus gewinnen? – Es wird behauptet, daß die Novelle überholt sei, weil die strenge Ordnung eines Stoffes in einen knappen, sich sukzessive vorwärts bewegenden Erzählzusammenhang der Bewußtseinslage des 20. Jahrhunderts nicht mehr entspreche. Dabei wird übersehen, daß diese

Weise, Stoff, das heißt wahrgenommene Wirklichkeit, zu ordnen, heute wie eh und je Anwendung findet. Nicht sie, sondern der Stoffbereich und die Wahrnehmungsweise haben sich verändert und erweitert. Auch der Begriff der unerhörten Begebenheit als solcher hat nicht abgewirtschaftet; nur sind heute nicht mehr dieselben Begebenheiten wie gestern unerhört und kann die „Unerhörtheit" einer Sache von neuer und ambivalenter Art sein, so etwa, wenn Grass in Klohses Mitteilung über den Diebstahl des Ritterkreuzes „Unerhörtes habe sich zugetragen, und das in schicksalhaften Zeiten" (86) auf diesen zentralen Begriff der Novellentheorie anspielt.

Mit dem schlanken Handlungsablauf von *Katz und Maus* wird dem Leser keine wahre und wirklichkeitsgetreue Geschichte vorgegaukelt, sondern eine Geschichte als Modell und Mittel, eine diffuse Wirklichkeit zu formen und zu fassen. Unter der klar überschaubaren Fabel ist ein krauses Gemisch sich durchkreuzender und überlagernder Zusammenhänge und Motivationen angedeutet, dessen auch der Erzähler nicht Herr ist. Sowohl im Verhältnis zur außerpoetischen Wirklichkeit als auch innerhalb der fiktiven ist die Handlung als die einfach geordnete Oberfläche erkennbar, mit der ein bestimmter Mensch ein Geschehen bei dem Versuch, es zu begreifen, versieht. Dieser Mensch, Pilenz, läßt keinen Zweifel am Provisorischen und am Instrumentalcharakter dieser Oberfläche. Sie könnte immer auch anders konzipiert werden; Pilenz probiert eine aus vielen Möglichkeiten aus und wägt die einzelnen Schritte seines Komponierens ab: „Er hätte sie erfunden haben können. Vielleicht war auch ihr Erfinder" (39) … „Natürlich hat Mahlke sie erfunden" (40). Man kann *Katz und Maus* eine ironische Novelle nennen. Mit dem virtuos gehandhabten Mittel der ironischen Verfremdung stellt Grass hier am Beispiel eines abnormen Kriegshelden und seines absurden Schicksals das notwendig zum Bösen führende Wirrsal im geistigen Unterfutter des Nationalsozialismus bloß.

4
Kleinbürgertum und Kleinbürgermentalität in „Katz und Maus"

4.1
Das Ritterkreuz als Requisit des Milieus

Das Ritterkreuz nimmt, wie schon aus der Umschlagzeichnung zu erkennen ist, einen hervorragenden Platz in der Novelle ein. Bei seiner Analyse als poetisches Phänomen gilt es zuerst, den Raum abzustecken, in dem es Sinn und Funktion hat, d. h. die Interpretationsschichten zu wählen, unter deren Fragestellungen es sich bestimmen läßt. Solche sind: Stoff, zeitgeschichtlicher Hintergrund und Milieu, Handlungsablauf, Entwurf der Figuren, Sprache und Erzählweise. In diesem Kapitel heißt die erste Leitfrage der Erörterung: Inwieweit existiert und fungiert das Ritterkreuz als Teil des zeitgeschichtlichen Hintergrunds und Requisit des Milieus?

Katz und Maus ist eine Geschichte aus dem Zweiten Weltkrieg. Sie beginnt aber erst 1940, als Mahlke sich freischwimmt (7), denn es ist seine Geschichte. Den Ablauf der erzählten Zeit markiert nicht das Kriegsgeschehen, sondern „Mahlkes Zeitrechnung", und die heißt „vor dem Freischwimmen und nach dem Freischwimmen" (28). Aber so sehr auch das unabhängige individuelle Schicksal Mahlkes in den Vordergrund gerückt ist und so betont nebensächlich der Kriegsereignisse Erwähnung getan wird, es sind doch der Krieg und die nationalsozialistische Ära, die den Vorgang prägen und die Szene beherrschen: Die Jungen tummeln sich auf dem Wrack eines bei Kriegsbeginn versenkten polnischen Minensuchbootes; Väter, Brüder und Lehrer sind an der Front, der Unterricht wird von pensionierten Lehrern gehalten; Vorbilder der Jungen sind Kriegshelden, insbesondere Ritterkreuzträger, „hochdekorierte Jagdflieger und Panzergenerale" (21); der Austausch nautischer Kenntnisse und militärische Fachsimpeleien bilden die Gespräche; ein Lehrer kommt ins Konzentrationslager, Gefallenenehrungen, Sondermeldungen und Lieder der Zarah Leander vermitteln die Atmosphäre der Zeit. Namen sowie zeitgebundene Wörter rufen ihre Details wach: das Baltikum, Kommodore Bonte, Kapitänleutnant Prien,

Ju 52, T 34, Krimschild, Kohlenklau und Groschengrabplakate, Horst-Wessel-Schule, Führerhauptquartier, Bezugsschein, Feldpostbrief, Jungvolk, Jungzugführer, Hitlerjugend, BDM, Luftwaffenhelfer, Reichsarbeitsdienst, Organisation Todt, Notabitur, Frontleitstelle und andere. Die exotischen Namen ferner Kriegsschauplätze zerstören die scheinbare Ruhe des Langfuhrer Alltags: Dardanellenfeldzug, Eismeer, Korallenmeer, Murmanskroute, Griechenland, El Alamein, das Asowsche Meer, Guadelcanar, Karelien, Kuban, Kreta, Charkow, Korosten.

Wohl um zu vermeiden, daß die in *Katz und Maus* enthaltene Kritik allein auf den historischen Nationalsozialismus bezogen wird, ist das Symbol des Zeitgeists nicht das eindeutige Hakenkreuz, sondern das vieldeutige Ritterkreuz. Daß die Aussparung des Hakenkreuzes eine Botschaft ist, wird dem Leser auf zweierlei Weise nahegebracht: Auf dem Ritterkreuz der Umschlagzeichnung erscheint es ausgekratzt, und das in den Text als Sache, Begriff und Klang eingewobene „Kreuz" enthält diesen naheliegendsten Bestandteil nicht. Obwohl das Ritterkreuz, wie das Hakenkreuz, als Sache der nationalsozialistischen Zeit angehört, weist es im Gegensatz zu diesem mit seinem Namen und dessen geistigem Beziehungsgeflecht über seine Zeit hinaus und auf Gegebenheiten, die nicht historisch sind.

Im Milieu der Novelle, das hier, einer genaueren Bestimmung vorgreifend, kleinbürgerlich genannt wird, ist das Ritterkreuz Repräsentant einer höheren, gewöhnlich unerreichbaren Lebensweise jenseits des beschränkten eigenen Alltags. Nur dieser Gegenstand ermöglicht einen Aufstieg zu ihr, freilich nur in Kriegszeiten, denn nur im Krieg können die für den Erwerb des Ritterkreuzes notwendigen Leistungen erbracht werden. Nur kriegerische Heldentaten adeln. Es gibt nichts Äquivalentes in Friedenszeiten. Die Rettungsmedaille, die Mahlkes Vater 1934 posthum bekam, weil er bei einem Zugunglück unter Einsatz und Opfer seines Lebens „das Schlimmste verhüten" (98) konnte, verleiht nichts von der Aura des Noblen, die den Ritterkreuzträger umgibt. Er ist nur ein braver Eisenbahner. Auch zur Rettung seiner Seele trägt sie nichts bei. Es ist Mahlkes Kummer, daß sein Vater starb, „ohne versorgt gewesen zu sein" (105). Von der entsprechenden braven Tat des Sohnes – Mahlke rettet einen Tertianer vom Tode des Ertrinkens – erfährt man nur, weil sie den Zeitpunkt markiert, da Mahlke den Zugang zu der Funkerkabine des Minensuchbootes findet. Sie bringt Mahlke keinen Ruhm ein, und er erledigt sie wie eine gewöhnliche Forderung des Tages.

Das Ritterkreuz ist in *Katz und Maus* ein realer Gegenstand, der den sozialen Aufstieg markiert. Er weist auf eine Fatalität der gesellschaftlich-kulturell bedingten menschlichen Situation: Die kriegerische Tat ist die einzige Chance, die der im Alltäglichen verstrickte, zum kleinen Leben verurteilte Mann zu einem höher motivierten, höher gestimmten, höherwertigen und höher angesehenen Leben hat. Kein Wunder, daß er sie gern ergreift. Es ist ein archetypisches Muster, das den kleinbürgerlichen Kriegshelden mit dem ritterlichen Abenteurer und dem den Kriegertod suchenden Germanenrecken verbindet. Die Reduktion konkreter Vorgänge auf ihre archetypische Form ist jedoch nicht im Sinn der Dichtung. Der Nachweis des Ewigmenschlichen in einer Situation macht sie unangreifbar. Die ironische Darstellungsweise aber verfremdet, was an dem Dargestellten vertraut sein könnte, und rückt es in das Licht der Kritik. Dies ist wohl der Grund, warum Günter Grass die bei seiner Prosadichtung so ertragreich anwendbare Symbol- und Archetypenanalyse zurückweist. Archetypische Muster wie die Erscheinung des Erlösers, die Kain-und-Abel- oder die Judas-Jesus-Konstellation sind nie konsequent ausgeführt und kreuzen sich mit anderen. Sie sind nur Anspielungen oder Zitate, vermittels derer das Bildungsgut im Zerrspiegel des besonderen Geschehens fragwürdig wird.

Die Kennzeichnung von Stellung und Funktion des Ritterkreuzes als Requisit des Milieus, die zu seiner Deutung als thematisches Symbol geführt hat, soll jetzt, da es sich um einen besonders aktuellen Aspekt von *Katz und Maus* handelt, etwas weiter geführt und am Text erhärtet werden. Das Wort „Ritterkreuz" ist aus zwei Begriffen zusammengesetzt, die mit ihrem Inhalt höheren sozialen Klassen, dem Ritteradel und dem Klerus, angehören. Beide haben ihren Klassenstatus lange eingebüßt. Die Kombination selbst ist ein Kind der Kreuzzüge, die beide Klassen in gemeinsamer Unternehmung einten und in denen der Kreuzritter im Dienst kirchlicher und fürstlicher Interessen und um geistlichen Gewinn fochten. Die Doppelwertung der ritterlichen Tat als Waffenleistung und Gottesdienst ist auch in den Panzerabschüssen enthalten, mit denen Mahlke das Ritterkreuz erwirbt.

Der Tatvorgang, bei dem eine Vision der Jungfrau seine Schüsse dirigiert, verhält sich zur Rittertat ungefähr so wie Mahlkes Ideologie zur Ritterideologie: Splitter eines einst sinnvollen und verbindlichen Ganzen sind zu einem subjektiven Konglomerat wild wuchernder Wahnvorstellungen verschmolzen. Mahlke gewinnt das Ritterkreuz im Dienste der Jungfrau durch Taten, in denen er keinen Sinn und Nutzen sieht. Den Ritter und seine Ideologie gibt es nicht mehr. Aber aus dem absterbenden Ganzen des Ritterideals sind Reste lebendig geblieben und in die Idealvorstellungen des Kleinbürgers eingegangen, wo sie besonders seinen „Hang zum Höheren" geformt haben.

Die Hochschätzung der zweckfreien, abenteuerlichen Tat ist ein solches Fragment aristokratischer Weltsicht im Kleinbürgerdenken; sie stimmt mit der den gesellschaftlichen Umständen gemäßen Forderung nach einem bescheidenen, nützlichen Leben nicht überein. In kleinbürgerlicher Umgebung ist die auf ihren höheren Sinn weisende Hintansetzung irdischen Nutzens und materiellen Gewinns entweder einfach Sinnlosigkeit, die als ein Protest gegen das Nützlichkeitsdenken Bewunderung wecken kann – „gerade das Sinnlose und bewußt Zerstörerische des tagelangen Umzugsspiels bewunderten wir" (61) –, oder sie bekommt einen Pseudosinn untergeschoben, der das Fehlen des praktischen Zweckes kompensiert. Neben ihrer Form als blindgläubigem Ideologiedienst etwa „für Führer, Volk und Vaterland", die in der Novelle nur am Rande vorkommt, tritt sie als Mut- oder Zähigkeitsprobe auf wie in Mahlkes sportlichen Leistungen oder als ein neuer Ritus des Clowns, als der „zelebrierte Leerlauf" (23). Daß Sport der Gesundheit dient und Formen des Zusammenlebens lehrt, kommt niemandem in den Sinn. Für Mahlke hat die Tat den Wert des Sieges über andere, sie dient der Erhöhung seines Selbstwertgefühls auf Kosten anderer. Ritterliche Tugend ist im sportlichen Verhalten angedeutet – „was immer wir auch taten, wir trieben Sport und achteten die Regel" (34) – aber ohne Konsequenz für das Leben.

4.2
Das kleinbürgerliche Menschenbild

Das kleinbürgerliche Menschenbild und Selbstverständnis, wie es das Vorstadtmilieu von Danzig-Langfuhr kennzeichnet,[27] ist nicht nur von Überbleibseln aristokratischer Vorstellungen durchsetzt, vielmehr ist es überhaupt ein Mischmasch verschiedener Weltanschauungssysteme und Klassen- bzw. Gruppenideologien wie Christentum und Kirchenlehre, die Persönlichkeitsauffassung des Idealismus, das Ideengut der Romantiker, die Tugendlehre der Biedermeieridylle, der Pflichtbegriff des preußischen Untertanen, das Arbeitsethos der Industriewelt und natürlich die selbst schon wirr epigonale nationalsozialistische Lehre.

Zwar fußt jede neue Vorstellung auf den ihr vorausgegangenen, aber im besonderen Falle des Kleinbürgers ist die Verschmelzung überkommener Elemente zu einem homogenen Ganzen unterblieben. Es verwundert kaum, daß es nicht zu einer echten Assimilation gekommen ist, wenn man bedenkt, daß es sich hier um Menschen handelt, die des Denkens, vor allem des aufgeklärten, selbständigen Denkens ungewohnt sind, weil sie es nie geübt haben und ganz in der Bewältigung des Alltags verstrickt sind. Sie bilden eine soziale Schicht, die sich ihrer selbst nicht bewußt geworden ist und so zu keiner Selbstidentifikation finden konnte. Diese Schicht ist mit der Aufarbeitung von kulturell verfeinerten Vorstellungen denkgeübter und selbstbewußterer Gruppen einfach überfordert. Zur Entwicklung eigenständiger Idealbilder fehlt es an geistiger Führung und revolutionärem Elan. Der Kleinbürger in der unbestimmten Position zwischen emanzipiertem Bürger und antiautoritärem Arbeiter setzt sich von der niederen Schicht der Arbeiter betont dadurch ab, daß er die Leitbilder und Lebensregeln der höheren Bürgerschicht auf sich bezieht und damit seine Zugehörigkeit zu dieser demonstriert. Aus diesem Grunde ist kleinbürgerliche Geistigkeit konservativ. Die traditionellen Werte sind ihr erstrebenswert und vorwärtsweisend. Ihre Zukunftshoffnung richtet sich nicht auf die Verbesserung der Welt, sondern auf Selbstverwirklichung durch sozialen Aufstieg.

Aus dem Gemenge inkommensurabler und wirklichkeitsfremder, überkommener Lebensvorstellungen ergeben sich sittliche Werte, die zwar, in Ermangelung anderer, gedankliche Gültigkeit haben, die aber nicht praktiziert werden können, weil sie abstrakt bleiben und zu den realen Lebensumständen nicht passen. Dementsprechend besteht wenig Übereinstimmung zwischen der Selbstauffassung des einzelnen und seinem tatsächlichen Verhalten. Da die Wirklichkeit unbegriffen bleibt, bezieht sich die moralische Verpflichtung auf ein prätendiertes Außenbild. Es herrscht eine Moral des Scheins, die Lebensauffassung trägt Züge der Schizophrenie.

Von den vielen Beispielen für diese Konzeption kleinbürgerlicher Mentalität in *Katz und Maus* sei zunächst die Trauer der Frau Pilenz betrachtet: Nachdem ihr Sohn Klaus gefallen ist, trägt sie nur noch Schwarz, sogar im Haus und bei der Arbeit. Sie errichtet dem Toten „etwas Altarähnliches" auf dem Buffett in der „Guten Stube" und baut Gegenstände auf, die sein Andenken veredeln: ein „vergrößertes Paßfoto, das ihn als Unteroffizier" zeigt, die unter Glas schwarz gerahmten Todesanzeigen aus zwei Zeitungen, „ein Bündel Feldpostbriefe mit schwarzem Seidenband geschnürt", seine Kriegsaufzeichnungen, „seine Geige samt Fiedelbogen und unterlegtem, beschriebenem Notenpapier" (107). Dies deutet auf eine tiefempfundene, ihr Leben verwandelnde Trauer und auf eine Hingabe an den Toten, der in den zu Reliquien erhobenen Gegenständen präsent bleiben soll, etwa nach Art der romantischen, schwärmerisch-mystischen Versenkung des Novalis in das Gedächtnis seiner früh verstorbenen Braut.

Aber die Trauer der Frau Pilenz ist nur Oberfläche: sie trägt „kleidsames Trauerschwarz" „inmitten illustriertenseliger Gemütlichkeit" (107); der Sohn ist unkenntlich auf dem Paßfoto, weil es übermäßig vergrößert wurde: auf das Format kommt es an; die Kette ihrer ehebrecherischen Verhältnisse reißt keinen Augenblick ab, das Dekor und die Geschäftigkeit der trauernden Mutter wirken eher belebend. Pilenz ist auf den plötzlich mit so viel mütterlicher Aufmerksamkeit bedachten Bruder eifersüchtig, womit er bezeugt, daß es mit der Mutterliebe der Frau Pilenz nie weit her war. Sie bietet den Söhnen kein Zuhause, nur „wie man zu sagen pflegt" kann Pilenz „nach Hause" fahren (138). Noch in der Erzählgegenwart leidet er an dieser Vernachlässigung. „Meine Mutter unterhielt, während mein Vater aus Griechenland Feldpostbriefe schickte, intime Verhältnisse mit Militärdienstgraden" (97), bemerkt er mit zynischem Unterton. Ein Wutausbruch, in dem er den ganzen verlogenen Aufbau zusammengeschlagen hätte, wäre er damals nicht durch seine Einberufung verhindert worden, würde „sich bis heute und noch auf Jahre hinaus ... aufführen lassen“ (108). Im Gegensatz zu seiner Mutter weiß Pilenz, daß der Tod des Bruders damals auch für ihn eher Gewinn als Verlust war, weil er ihn für sein Werben um Mahlke ausnützen konnte: Er nimmt ihn als Vorwand für die Wiederaufnahme des Ministrierens und kann Mahlke auf den Bezugsschein, der den Familien Gefallener zusteht, Kerzen für die Jungfrau Maria besorgen.

Die Trauer der Mutter ist nur als Oberflächendekoration existent und hat damit den Charakter des Kitsches. Fiele die Maske und würde das echte Verhalten beim Namen genannt und offenkundig, so wäre es ein Skandal. Aber wenn auch im Klatsch der Mahlke-Frauen diese Möglichkeit angedeutet ist, so kann es doch im ganzen nicht geschehen; das Bild von Maske und dahinter verborgenem wahren Gesicht trifft die Sachlage nicht. Frau Pilenz ist keine Heuchlerin. Sie weiß es nicht besser, und sie kennt keine Moral, die das ganze Leben wirksam durchdringen könnte.

4.3
Drei Typen kleinbürgerlicher Mentalität

Dem Nebeneinander von prätendiertem und tatsächlichem Lebenswandel entsprechen drei Grundtypen kleinbürgerlichen Verhaltens: Der eine ist von der Prätention bestimmt, der ihm entgegengesetzte von prinzipienlosem Ausleben. Dazwischen steht der Prototyp, bei dem die Schwergewichte verteilt sind und Konflikte und Störungen verursachen, die für den Kleinbürger symptomatisch sind. Oberstudienrat Klohse ist ein Vertreter des ersten Typs, Tulla Pokriefke des zweiten und Studienrat Mallenbrandt des dritten.

4.3.1
Oberstudienrat Klohse: Prinzipienreiter

Der Direktor am Conradinum und Oberstudienrat für Mathematik Waldemar Klohse ist der sich dem Leben verweigernde, inhumane und starre Prinzipienreiter. Er verkörpert „die Anstalt, die Schule, die Conradische Stiftung, den Conradischen Geist, das Conradinum“ (122). Seine Reden beim Besuch der Ritterkreuzträger sind Kolonnen nationalsozialistischer Wortklischees und leergedroschener Tugendmahnungen.[28] Sie verbreiten, nach Darstellung des Pilenz, tödliche Langeweile. Den Vorbildern, die Klohse den Gymnasiasten setzt, gemeinsam ist die todesgewisse, ekstatisch-sentimentale Hingabe an den großen Kampf, mit der auch Freiwillige in den Ersten Weltkrieg zogen.[29] Diese und andere seiner Äußerungen deuten darauf, daß Klohse als zur Generation dieser Freiwilligen gehörig und ihren Anschauungen verpflichtet vorzustellen ist, vielleicht auch als ein Mitglied der Jugendbewegung. Die Tugenden, zu denen er aufruft, sind Sauberkeit, Reinheit, Reifwerden, Mannhaftigkeit, Verzichtenlernen, Schweigen als der Rede bessere Teil und vor allem der Glaube an den höheren Sinn und Adel dessen, wozu man gehört, Schule, Militär, Volk, dem zu Ehren man leben, handeln und sterben muß und aus dem man bei unwürdiger Aufführung verstoßen wird. – „Undwernichtdersoll" (53), „vondirunddeinemtunallein" (65). Während er so seine Schüler zu Wehrhaftigkeit erzieht, lebt er in der vornehmen, idyllischen Baumbachallee, zwischen Nachtigallen, Rosen, rotem Ahorn und kiesbestreuten Bürgersteigen (122). In der Darstellung des skeptischen und für Heldenideologien nicht anfälligen Pilenz predigt Klohse tauben Ohren; an den ehemaligen Schülern des Conradinums aber, die das Ritterkreuz gewinnen, zeigt sich sein großer Einfluß, besonders an Mahlke, der noch bei der letzten Bootsfahrt in zähneklapperndem Gestammel ein imaginäres Gespräch mit ihm führt (134). Erst als Mahlke, schwer enttäuscht von Klohses Abweisung, zur Besinnung über sich selbst und seinen Lebensplan gezwungen wird, kann er sich der Verführungskraft dieses Lehrers entziehen; er zerreißt die Bande, indem er ihn schlägt.

Der Ordensdiebstahl Mahlkes wird zum Prüfstein für die Vernünftigkeit der moralischen Prinzipien und der pädagogischen Kompetenz Klohses. Unter den Ansprüchen des lebendigen Einzelfalls verliert das so tadellos klingende „die Ordnung der Anstalt verlangt" (121) den Sinn, und die Pädagogik der Prinzipienidolatrie erweist sich als zu keines Schülers Nutz und Frommen. Zwar kann Klohse in dieser Zeit unangefochtener Autorität seine Entscheidungen ohne weiteres durchsetzen, aber es sind keine legitimen pädagogischen Entscheidungen, wie sie auch für diese Situation und in dieser Zeit durchaus vorstellbar wären, sondern reine Machtakte.

Als der Ritterkreuzdieb Mahlke von der Schule verwiesen wird, geschieht das unter Berufung auf die Autorität eines anonymen „man" und auf den Wunsch des geschädigten Kapitänleutnants. Für die spätere Redeverweigerung verschafft sich Klohse Rückendeckung bei seinem Oberschulrat und den Kollegien beider Schulen, hält aber eine Begründung nicht für nötig, sondern begnügt sich mit dem Hinweis auf „die Ordnung der Anstalt" und „den alten Conradischen Geist" (121). Die Art, wie Klohse die Schüler über den ärgerlichen Vorfall unterrichtet, ist irreführend und demütigend. Er dramatisiert den Unfug eines psychisch belasteten Halbwüchsigen, der keineswegs als Barrikadenhandlung gemeint war, zu einem Abgründe aufreißenden Sakrileg gegen die Heiligtümer Schule und Volk: „Unerhörtes habe sich zugetragen, und das in schicksalhaften Zeiten, da alle zusammenhalten müßten" (86). Das pädagogische Unrecht daran ist, daß er statt Aufklärung Mystifizierung betreibt und den Tatbestand vernebelt und dämonisiert. Klohse ist der Lehrer, der vor seine Schüler tritt wie ein Eingeweihter und Wissender vor Ausgeschlossene und Ignoranten, die es bleiben müssen. Der ominöse graue Aktendeckel, den er mitbringt, wird nicht geöffnet, denn er dient nur der Einschüchterung. Die Schüler sollen nicht verstehen, was los ist, sondern es soll ihnen angst und bange werden. Entscheidungen von Vorgesetzten sind unnachprüfbar und fraglos hinzunehmen. So können die Jungen der Aufforderung zu „mannhaftem Verschweigen" auch nur blind und mit grundsätzlicher Bereitschaft Folge leisten, denn die meisten wissen kaum, worum es sich handelt.

Die Erwägungen und Argumente, die zu den Entscheidungen geführt haben, werden also hinter Geheimnistuerei verborgen gehalten. Nach dem zu urteilen, was trotzdem an die Oberfläche dringt, sind sie zudem verworren und unausgedacht. Auch hier ist die dekorative Außenseite die Sache selbst. Nach Klohses Worten ergibt sich z. B. die Unerhörtheit des Diebstahls daraus, daß er in schicksalhaften Zeiten geschehen ist, da alle zusammenhalten müssen, er nennt dann aber Mahlkes Verhalten würdelos im Sinn der Schule. Zu mannhaftem Verschweigen wird aufgefordert, weil dies ein Wunsch des Kapitänleutnants sei. Ähnlich schwach sind die Argumente, mit denen Klohse den Wunsch des Ritterkreuzträgers Mahlke, in seiner alten Schule zu reden, zurückweist. Einerseits räumt er ein, daß Mahlke „es doch noch geschafft hat" (118), und indem er ihm vorschlägt, so zu handeln, „wie es schon immer dem Helden ziemte" (121), geht er auch davon aus, daß Mahlke ein Held ist. Andererseits macht er ihm in beleidigender Weise klar, daß sein Heldentum nicht zählt. Als Mahlke sich mit dem Ritterkreuz bei ihm vorstellt, läßt er ihn zunächst links liegen und interessiert sich demonstrativ für die Kriegserlebnisse ausgerechnet eines Pilenz. Er spricht keinen Glückwunsch aus, hat nur ein paar gönnerhafte Phrasen für den ehemaligen Schüler übrig und steuert ihn gleich in die Horst-Wessel-Oberschule: „Mein werter Kollege, Herr Studiendirektor Dr. Wendt, wird sich freuen" (118).

Man müßte meinen, daß es einen Pädagogen freut, wenn eines seiner schwarzen Schafe durch eigene Anstrengung wieder weiß wird. Aber von Klohse ist das nicht zu erwarten, wie Pilenz mit seinem wiederholten Sticheln „der wird sich freuen" (116f.) im voraus mitteilt. Klohse ist entschlossen, Mahlke nicht hochkommen zu lassen. Der Schülertyp Mahlke widersteht dem Lehrertyp Klohse. Ihm gilt der Ordensdiebstahl nicht als eine Verfehlung, sondern als Ausdruck einer niedrigen Persönlichkeit, als welche der Dieb sich durch seine Andersartigkeit verrät. Er akzeptiert Mahlke nicht als die Erfüllung des Ideals vom deutschen Helden wie die beiden anderen, sondern eher als dessen Verunglimpfung. Auch der Held ist an seiner Erscheinung erkennbar, in diesem Fall an seiner „deutschen" Erscheinung. Mit dem preziösen „‚Viele Leute – lassen Sie sich das gesagt sein – lieben zeit ihres Lebens kostbare Teppiche und sterben dennoch auf rohen Fußbodenbrettern. Lernen Sie verzichten, Mahlke!'" (120), das an Stephan George gemahnt, verweigert er ihm jede Chance und weist ihn in die Schranken seines geringeren Menschentums. Damit versagt er in einer weiteren pädagogischen Grundsituation.

Sein für das Redeverbot Verständnis heischender Brief an Mahlke ist dann vor allem darum mißglückt, weil er ihn aus einem Gedanken entwickelt, den er, durchschaute er ihn, nicht äußern würde, nämlich, daß sein Herz anders wolle als sein moralisches Bewußtsein. Angenommen aber, er meint damit, daß er einen Kampf zwischen Neigung und Pflicht auszufechten habe, dann bleibt die Äußerung seines Mitgefühls noch immer eine Lüge. Peinlich an dem Brief sind die larmoyante Selbstbezeichnung als „erfahrener und von der Bürde seines Berufes gezeichneter Schulmann" (121), die außerhalb der Satzlogik bleibt, und das, nach allem, taktlose Heucheln väterlicher Besorgtheit; sein Verhalten ist weder „rein“ noch „mannhaft“. Man sieht, der Geist, den Klohse verkörpert, hat wenig mit dem Geist Lessings, mit dessen Toleranz und seiner Liebe zur Wahrhaftigkeit zu tun: die Lessingbüste in der Aula ist auch nur Verzierung.

Schließlich bekommt Klohse von dem malträtierten Mahlke Schläge. Diese unerhörte Handgreiflichkeit ist für Klohse kaum mehr als eine ordinäre Belästigung, bestätigt sie doch nur seine Meinung von Mahlke: „Der Geschlagene winkte ab, sah schon nicht mehr geschlagen aus, stand gestrafft und verkörperte ... den Conradischen Geist“ (121). Ein so mit Makel behafteter Gegner kann ihn nicht treffen; vielmehr heben seine Schläge die eigene Makellosigkeit noch stärker hervor. Klohses Selbstgewißheit ist unverwundbar.

Die Gestalt des Oberstudienrats Klohse ist nicht nach dem plumpen Klischee vom ungedienten Oberlehrer konzipiert, der als Schlächter seine Schüler zur Schlachtbank leitet. Wie Frau Pilenz, so handelt auch Klohse so verantwortlich, wie es ihm nach der Verfassung seines Wissens und Gewissens möglich ist. Die in der Darstellung von Klohse mitschwingende Kritik richtet sich nicht gegen einzelne Vertreter dieses Lehrertyps, sondern gegen den Zustand, der so verkümmerte innere Verfassungen als Krankheitssymptome hat.

Auch die Ohrfeigen, die Mahlke anläßlich der Knabenolympiade Tulla Pokriefke verabreicht, haben keine kränkende Wirkung. Aber bei Tulla hat das einen ganz anderen Grund. Klohse machen die Tatsächlichkeiten nichts aus, weil er die Gewißheit hat, daß sie seine Ehre und Würde nicht antasten, und darauf allein kommt es ihm an. Tulla sind die Schläge sogar willkommen, denn sie künden ihren ersten Schritt zum Erfolg an: Mahlke ist aus seiner Reserve herausgetreten. Klohse sieht bei der Mißhandlung auf sich und seine Rolle als Direktor des Conradinums, und er ist darauf bedacht, Haltung zu bewahren und damit seine Rechtlichkeit sichtbar zu behaupten. Tulla ist sich ihrer selbst gar nicht bewußt; sie ist ganz auf Mahlke und ihr Ziel konzentriert, ihn zur Teilnahme zu verführen. Bei Tulla wirken die Ohrfeigen nicht ehrverletzend, einfach, weil sie einen derartigen Ehrbegriff gar nicht besitzt. Klohse ist „gestrafft“, Tulla ist „haltlos“. Klohse hat einen recht genau bestimmbaren, konstanten Charakter, Tulla eine launenhafte Persönlichkeit, in der nur ein Faktor immer gleichbleibt, ihre Neugier, ein sie antreibendes primäres Wissensbedürfnis und eine hungrige Entdeckerlust. Tulla ist das genaue Gegenteil von Klohse. Sie ist das ungehemmte natürliche Leben, das er bei sich fast erdrückt hat; er ist das Leben nach Prinzipien, das bei ihr nicht einmal in Ansätzen vorhanden ist.

4.3.2
Studienrat Mallenbrandt: Gespaltenheit

In der entworfenen Typenfolge kleinbürgerlicher dualistischer Geistesverfassung nehmen Klohse und Tulla die beiden Extrempositionen ein; sie sind jeweils von einer der beiden Komponenten beherrscht, Klohse von seinen Prinzipien, von der geglaubten Wirklichkeit, Tulla von ihren natürlichen Neigungen, der erfahrenen Wirklichkeit. So sind sie von gesichertem Selbstbewußtsein und ohne Konflikte. Zwischen ihnen steht der Prototyp gespaltener Kleinbürgermentalität, an dem beide Komponenten mehr oder weniger gleichen Anteil haben. Da es für ihn keine Brücke von eingebildetem zu natürlich triebhaftem Sein gibt, lebt er einen Teil seines Lebens gleichsam mit geschlossenen Augen. Er kennt nur den gewollten Teil, der andere, ständig beiseitegedrängt, ist ihm unbekannt. Zu einer Angleichung kann es nicht kommen; denn der gewollte Teil ist unbedingt und läßt keine Einschränkung zu. Wird er durch irgend etwas allzu fühlbar in Frage gestellt, so regt sich vehementer Widerstand gegen die Infragestellung als solche, nicht jedoch gegen ihren Inhalt, weil dieser gar nicht zum Bewußtsein kommt. Kritische Selbstprüfung und damit charakterliche Fortentwicklung sind ausgeschlossen, die Zweifel müssen erstickt werden. Wer das auf Sand gebaute Selbstbewußtsein auch nur anrührt, kann das prekäre Gebilde aus der Balance und zum Einsturz bringen; deshalb sind riesige Selbstschutzreaktionen gegenüber winzigen Angriffen durchaus angemessen. Es kommt zu irrationalen Ausbrüchen, in denen sich unkontrollierte Neigungen Luft machen. Emotion und moralisches Pathos vernebeln dabei die Dürftigkeit des geistigen Hintergrunds, und Gewalttätigkeit lenkt davon ab. Zu diesem Typ gehört Mahlke, und sein mustergültiger Vertreter ist Studienrat Mallenbrandt. Klohse und Tulla empfangen Ohrfeigen, Mahlke und Mallenbrandt teilen sie aus.

Studienrat Mallenbrandt unterrichtet Sport, Geographie und katholische Religion. Er ist „in Turnerkreisen berühmt, weil er ein richtungsweisendes Regelbuch für das Schlagballspiel geschrieben“ hat, und es gelingt ihm, „bis ins zweite Kriegsjahr Reste eines katholischen Arbeiter-Turnvereins“ zusammenzuhalten (12). Sein Emblem ist die Trillerpfeife. In seinem Unterricht herrscht tadellose Disziplin, die Schüler tanzen nach seiner Pfeife. Leitmotivisch heißt es sowohl von dem Arbeiter-Turnverein (12) als auch bei den Schülern (65), daß er sie „unters Reck“ führe beziehungsweise pfeife. Sein Gesetz ist die Schulzucht, und er duldet nicht den geringsten Verstoß dagegen.

Den beiden Unterrichtsfächern Sport und Religion sind die Turnhalle und die Marienkapelle zugeordnet. Pilenz beschreibt sie im Kontrast zueinander und wie mit vertauschten Einzelzügen. Die Turnhalle hat „Spitzbogenfenster, deren Backsteinornamente die Verglasung mit Rosetten und Fischblasen“ aufteilen, die Schüler turnen „in geheimnisvollem Dämmern“, das Auslosen der Korbballmannschaft wirkt „feierlich und ergreifend, ähnlich einer Priesterweihe oder Firmung“, und das Wegtreten der Ausgelosten geschieht „mit der Demut heiliger Handlung. Wenn die Sonne hereinscheint, gibt es stimmungsvolle Effekte, goldflimmernde Sonnenstrahlen, goldstaubwimmelnde Lichtbahnen.“ Da auch der Umkleideraum sein „Licht durch Spitzbogenfenster“ bekommt, nennen ihn die Schüler „die Sakristei“. (71) –

Die Marienkapelle dagegen, eine als Notkirche eingerichtete „ehemalige Turnhalle des Sportvereins Neuschottland“, ist ein „modern kühl sachliches Kapellchen“, „obgleich in allen Ecken bemalter vergoldeter und plastisch segnender Gips“ steht (17), und hat den „nüchtern gymnastischen Charakter einer ehemaligen und modern entworfenen Turnhalle“, durch die Fenster bricht „Turnerlicht“. Hier herrscht „über allen Geheimnissen Klarheit,“ „Opfer, Wandlung und Kommunion“ bleiben „vollausgeleuchtete zauberlose und umständliche Betriebsvorgänge“. „Es hätten an Stelle der Hostien auch Türbeschläge, Werkzeuge oder wie einst, Turngeräte, etwa Schlaghölzer und Staffettenstäbe verteilt werden können.“ (71) – Die Turnhalle ist eher eine Kirche und die Kirche eher eine Turnhalle: Mallenbrandts Heiligstes, die unanfechtbare Lehrerautorität, weilt nur in der zackigen Disziplin der Turnstunde, die einen Mangel echter Autorität überdeckt, der in krisenhaften Situationen wie dem Ritterkreuzdiebstahl zutage tritt.

Die Untersuchung des Diebstahls im Umkleideraum der Turnhalle – „kleines Raubtierhaus" – ist Mallenbrandts Szene (72–75). Sie ist schwer vom Gewicht erbarmungslosen Machtkampfes: Mallenbrandt verteidigt seine Autorität gegen die Schüler und gegen den Kapitänleutnant:

Aufgebracht darüber, daß die Tat sozusagen unter seinen Augen begangen worden ist, brüllt Mallenbrandt „sein ‚Werwardas? Sollsichmelden!'" Er könnte den Dieb genausogut wie die Jungen erraten, denn er kennt Mahlkes verkrampftes Draufgängertum und seine skurrilen Neigungen aus dem Turnunterricht (12, 15). Auch das zeitweilige Verschwinden Mahlkes aus der Turnhalle wird ihm kaum entgangen sein. Kann sein, daß Mahlke als praktizierendes Mitglied der katholischen Minderheit ihm etwas näher steht und unwillkürlich über jeden Verdacht erhaben ist. Daß er Mahlke schätzt, ließe sich auch darin sehen, daß er seinen Rat, die Kleider zu durchsuchen, annimmt, während der Einspruch des Kapitänleutnants gegen das fortgesetzte Ohrfeigen Buschmanns ungehört bleibt. Auf eine umgekehrte Vorliebe deutet Pilenz' Vorschlag, sich bei der Rede in der Aula von Mallenbrandt anstelle Klohses einführen zu lassen (117). Jedenfalls identifiziert Mallenbrandt den ihm zugeschobenen Buschmann sofort als den Täter und hält sich an ihm für den Autoritätsverlust schadlos. Je deutlicher es wird, daß er damit einen Mißgriff getan und also weitere Autorität eingebüßt hat, desto härter schlägt er zu. Schließlich verliert er den eigentlichen Anlaß des Verhörs ganz aus den Augen und rächt sich nur noch für die ihm zugefügte Niederlage: „Auch sprach er nicht mehr von dem verschwundenen Gegenstand, sondern brüllte zwischen Schlag und Schlag: ‚Du sollst das Grinsen lassen. Grins nicht! Ich werde Dir das Grinsen noch austreiben!'" In blinder Wut weiß er nicht mehr, was er aus der Bekanntschaft mit Buschmann immerhin wissen könnte, daß nämlich dessen Grinsen angeboren ist. Einer Maschine gleich schlägt er „unermüdlich und trokken in Buschmanns Grinsen". Anders als Pilenz, anders sogar als Mahlke, dem dies wenigstens zum Schluß noch gelingt, ist er unfähig, den Irrtum zuzugeben, Abstand zu nehmen und zurückzutreten. Jemand muß dem Amokläufer in den Arm fallen. Das tut Mahlke mit der Bemerkung: „Möchte zwar wetten, daß Buschmann es nicht gewesen ist. Aber hat denn schon jemand Buschmanns Klamotten durchsucht?'" – wie für Klohse wird auch für Mallenbrandt der Ordensdiebstahl zum Prüfstein seiner schalenhaften Lehrerpersönlichkeit, und sie bekommt einen Sprung, den er jedoch sogleich wieder kittet, indem er den anwesenden Ritterkreuzträger unter sich zwingt.

Die Bitte des ehemaligen Schülers, „wieder einmal ... in der guten alten Turnhalle mitturnen zu dürfen", erfüllt Mallenbrandt großzügig; er überläßt ihm sogar die Leitung der Turnstunde, freilich nicht ohne die Zügel-Enden in der Hand zu behalten. Seine Trillerpfeife ruft die Schüler in die Turnhalle und pfeift sie zum Schlußlied, und während der Stunde wird der Kapitänleutnant „behutsam unterstützt". Dies als ein Zeichen dafür werten zu wollen, daß er seine Autorität eifersüchtig vor dem Rivalen hüte, ginge insofern zu weit, als es ja die Pflicht des verantwortlichen Lehrers ist, im Hintergrund Aufsicht zu führen. In dem kleinen Zwischenfall mit dem Spucknapf ist jedoch am Schluß des Kapitels so etwas angedeutet:

Der Kapitänleutnant will die fruchtlose und peinliche Untersuchung abbrechen. Da er aber, wie die meisten Personen in *Katz und Maus,* ausschließlich mit der Wahrung des eigenen Gesichts beschäftigt ist und übersieht, daß andere unter demselben Zwang stehen, wählt er seine Worte ungeschickt. Herablassung blinkt durch seine gönnerhaft gutmütige Aufforderung, die Sache nicht so ernstzunehmen: „Das läßt sich ersetzen. Ist ja nicht die Welt, Herr Studienrat. Dummerjungenstreich!". Mallenbrandts totaler Anspruch erlaubt es ihm nicht, den angebotenen Ausweg zu benutzen, dies hieße eine zweite Schlappe einstecken. Und so entsteht ein kleiner Machtkampf zwischen den beiden. Mallenbrandt läßt den hofierten Ritterkreuzträger links liegen und fährt unbeirrt in seiner Untersuchung fort. Der Kapitänleutnant geht scheinbar leicht über die Sache hinweg und beteiligt sich; tatsächlich aber boykottiert er Mallenbrandt sofort, indem er Belustigung zur Schau stellt. Als er seine Ungeduld nicht mehr verbergen kann, raucht er ärgerlich eine Zigarette nach der anderen und tritt die Kippen auf dem Linoleumfußboden aus. Mit der Mißachtung von Mallenbrandts Autoritätsbereich zahlt er ihm die Mißachtung seines Vorschlags heim. Unnachgiebig schiebt Mallenbrandt ihm darauf „wortlos einen Spucknapf" zu und manövriert ihn mit dieser schulmeisterlich impertinenten Geste unter seine Autorität; es gelingt ihm, den großen Helden auf den kleinen Schüler zu reduzieren. Der Kapitänleutnant „errötet(e) schülerhaft“ und kann nur mit Mühe Haltung bewahren. Hochmütig verabschiedet er sich „mit Handschuhen über den Fingern“ und rettet sich in den Pseudotriumph des letzten Wortes vor dem großen Abgang: „gab zu verstehen, die Art und Weise der Untersuchung könne ihm nicht gefallen, er werde die ärgerliche Geschichte dem Direktor der Schule übergeben.“ Frustriert wie Mallenbrandt gegenüber Buschmann, wirft er seinem Widersacher als letztes an den Kopf, daß er „sich seinen Urlaub“ nicht „von schlechterzogenen Stinten vermiesen“ lassen wolle, womit sich in den so gar nicht zu seiner Offizierseleganz passenden Straßenausdrücken die angestaute Wut doch noch einen Weg bricht. Mag dies ihm zur Selbsttäuschung ausreichen, bei den Jungen hat er verspielt. Das bald danach umgehende Gerücht, „er soll in Begleitung seiner Verlobten die drei oder vier Ordensgeschäfte der Stadt abgeklappert haben“ (76), macht ihn lächerlich und gibt Kunde davon, daß er seinen Nimbus eingebüßt hat. Der Sieg ist Mallenbrandts. Mit schwungvoller Geste – „warf einem Primaner den Schlüssel zu“ – neutralisiert er die gespannte Atmosphäre zu seinen Gunsten und zwingt die Situation wieder in den Rhythmus seiner Turnstundendisziplin.

4.3.3 Tulla Pokriefke: die federleichte Ausnahme

Einzig der „Kleinkopf“ von Tulla Pokriefke ist nicht in „Vorderkopf“ und „Hinterkopf“ unterteilt, und das verschafft ihr eine Sonderstellung in der Thematik, obwohl sie in der Handlung nur Randfigur ist. Wenn Tulla im folgenden als dritter Grundtyp kleinbürgerlicher Geistesart interpretiert wird, so bedarf das insofern einer Einschränkung, als sie eigentlich ein Gegentyp ist. Sie lebt in dieser Kleinbürgerwelt, hat aber an ihrer Kultur und der charakteristischen Gesinnung ihrer Glieder keinen Teil. Tulla ist ein Sonderfall, die „federleichte Ausnahme“ (Hj 175). Sie wäre in jeder anderen Gesellschaft denkbar als ein Wesen, für das deren Regeln nicht gelten. Eingeengt auf ihre literarische Existenz heißt das: Ihrem Grundtyp nach könnte die Gestalt der Tulla die gleiche Rolle in Werken mit anderem Milieu spielen. In einer Dichtung des Biedermeier entspräche ihr vielleicht eine Zigeunerin, ein fremdes braunes Mädchen, in einer romantischen Dichtung könnte an ihrer Stelle ein Naturwesen stehen, eine Nixe oder ein androgynes Teufelskind. In *Katz und Maus* ist sie eine von keiner Sitte und Kultur beleckte Halbwüchsige – ein ungezogener Wildwuchs, ein Mißwuchs ist sie nicht. „Göre" heißt sie in manchen Kritiken, wobei anzumerken ist, daß sie sich etwa von den klassischen Gören Zilles tiefgreifend dadurch unterscheidet, daß sie eben nicht milieugebunden, sondern von ursprünglicher Eigenart ist.

Tullas äußere Erscheinung, ihr Gesicht und Körper, ihre Gestik, Mimik und Kleidung, verraten Wesensverwandtschaft mit Wassergeist und Ratte. Die „kleine Pokriefke" (37) besteht „aus Haut, Knochen und Neugierde". Wo sie geht und steht, verbreitet sie Tischlerleimgeruch. „Eigentlich hätte sie Schwimmhäute zwischen den Zehen haben müssen, so leicht lag sie im Wasser." Ein Gliederbündel, hockt sie mit untergeschlagenen Beinen, mit „durchtretender Wirbelsäule" (32), dreht sich auf der Hacke, wirft „sich auf den Bauch", wippt „auf gespreizten Zehen", kugelt sich, verdreht „ihre Gummiglieder" und guckt „aus mühelos geschlagener Brücke zwischen Strichbeinen hindurch". Ihre Hände sind immer zerkratzt, sie hat Froschschenkel, und ihre Finger und Zehen sind von großer Beweglichkeit. Ihr kleines, „gedrängt" (33) gezeichnetes „Gesicht wäre mit einer Punkt Komma Strich Zeichnung wiederzugeben" (31). Sie macht „enge Rattenaugen" (32), hat „eine Stülplippe und immer sichtbare Schneidezähne" (37), und ihre langen Haare fliegen im Fahrwind, wenn sie rittlings auf dem Gepäckträger von Hotten Sonntags Fahrrad mitfährt (77). Tulla lacht „meckernd mit geschlossenem Mund", bettelt „näselnd" (32) und schimpft „mit krauser Nase" (78). Tullas Farben sind das Blau des Wassers und das Grau der Ratte. Ihr „Kleid war blau, waschblau und überall zu eng und zu blau" (77). Ihr Badeanzug ist immer der gleiche mausgraue, grobgestopfte Kinderbadeanzug aus verfilzter Wolle. Tulla ist klein, dünn und leicht, ein „Spirkel", ein „unfertiges", „zerbrechliches" und „spirriges" Ding. Sie ist patenter „als andere Mädchen ihres Alters" und „hätte genausogut ein Junge sein können" (35).

Das Tulla zugeordnete Tier ist nicht die Katze und nicht die Maus, sondern die aus deren Spiel bleibende Ratte. Sie fängt nichts, und sie wird nicht gefangen. Ihre markanteste Eigenschaft ist die Gier: Tulla ist neugierig und erlebnishungrig. Mit den Wassermädchen früherer Dichtung verbindet sie, was man bei diesen Seelenlosigkeit nannte und was bei ihr das Fehlen jeglicher Sentimentalität ist. Tulla hat keine Zukunftsträume und Idealvorstellungen wie Mahlke, und sie hängt keiner Vergangenheit nach wie später Pilenz, sondern sie geht ganz in der Gegenwart auf. So kennt sie auch nicht die Persönlichkeitsprobleme, die Mahlke und Pilenz in ein Spannungsverhältnis zu ihrer Umwelt setzen, Mahlke zu selbstzerstörerischen Grenzüberschreitungen verführen und Pilenz zu einem nur halbherzig und abseits dahingelebten Dasein verdammen. Ihr Verhältnis zur Umwelt ist direkt und spontan, nichts Ausgedachtes trübt ihren Blick. Sie ist immer ganz da und geht in der jeweiligen Situation auf. Dem entspricht ihre zupackende Sprechweise: „‚mach doch mal‘“ – „‚Mensch, prima!‘“ (32) – „‚darf ich mal schnell‘“ (33) – „‚nimmste mich mal mit runter‘“ – „‚wer mir den hochbringt‘“ – „‚möchte wetten‘“ (35). Mahlke schaut immer starr in die Ferne, Tulla auf die ihr gerade naheliegende Sache. Da sie keinen Fluchtbereich hat, sind alle ihre geistigen Kräfte ungeteilt und das Hier und Jetzt gesammelt, wodurch sie den anderen an Intensität weit überlegen und das natürliche Kraftzentrum ihrer Gruppe ist, so lange es ihr gefällt.

„... kleiner verrückter schmerzhafter wird sie; denn uns allen saß Tulla als Splitter im Fleisch“ (79), so fixiert Pilenz die sexuelle Rolle, die das Mädchen Tulla in der Halbwüchsigenwelt von *Katz und Maus* spielt, und gibt damit zugleich ein Bild für die Funktion der literarischen Figur Tulla in der Novelle: Tulla ist ein arbeitender Splitter, ein störender Fremdkörper im sozial-kulturellen Milieu von *Katz und Maus,* mit dem keiner fertig wird. Sie ist Kontrastfigur zum Ganzen und zu einzelnen Figuren. Ihre Gegensätzlichkeit zu Klohse wurde bereits hervorgehoben. Mit dem Erzähler Pilenz zusammen bildet sie ein an Thomas Mann erinnerndes Antipodenpaar: Der von Realitätsunsicherheit, Gewissenszweifeln, sozialer Insignifikanz und ganz allgemein dem Leid des reflektierenden Abseitsstehenden geplagte Pilenz sieht mit geheimem Neid auf Tulla, die Leben und Situation immer am Schopf hat und die ihm als unbewußte und zufällige Rivalin den Lohn seiner Lebensanstrengung, der unentwegten Bemühungen um Mahlke, im Vorübergehen abnimmt, wie sehr er sich auch gegen den Gedanken daran sträuben mag: „Sein Verhältnis zu Tulla Pokriefke zählt nicht" (31); „Ich ließ mir nichts vormachen" (127).

Schließlich sei noch Tullas hervorragende soziale Stellung erwähnt. Auch damit wird sie zum Gegenfüßler der um Aufnahme und Anerkennung ringenden Mahlke und Pilenz. Zwar hat sie in dieser Hinsicht ein männliches Gegenstück in dem „besten Turner" Hotten Sonntag; aber der ist als Charakter zu flach gezeichnet, um Kontrastwirkung zu haben, außerdem wird er von Mahlke in den Schatten gestellt. Tulla *hat* einfach, was Mahlke sich nur mühsam und unter Selbstverlust und auch dann nie ganz erkämpfen kann: die Aufmerksamkeit und Zuneigung der anderen; sie hat die fraglose Zugehörigkeit zur Gruppe und die innere Unabhängigkeit von ihr. Angst vor Menschen ist ihr fremd, und es käme auch niemandem in den Sinn, ihr Angst machen zu wollen. Wo sie hinzutritt, wird sie Mittelpunkt, ohne an einer Führerrolle interessiert zu sein.

Im Ablauf der Handlung ist Tulla, wie gesagt, nur Nebenperson. Aber an der ästhetischen Harmonie und der Thematik der Novelle hat sie grundlegenden Anteil. An Tulla ist nichts komisch. Sie ist ein Stück Natur. Mit koboldhafter Quecksilbrigkeit und ungebrochener Lebensfrische macht Tulla das Gewicht der vorgeführten menschlichen Erfahrungen erträglicher. Das zähe, spröde Rattenmädchen, an dem Kritik abprallt, weil es den Stempel der Natürlichkeit und Unschuld trägt, haucht mit seinem „ewigen Gequatsche vom toten Mariner" (35) sogar ein wenig von dem wehmütig-süßen Schimmer der Volksballade über die bittere Geschichte des Ritterkreuzträgers Mahlke, dem niemand helfen konnte außer vielleicht Tulla selbst, wenn sie gewollt hätte. Oder hat sie ihm geholfen? Es bleibt Geheimnis, ob Mahlke wirklich auch Tullas wegen desertieren will. Auf ihre Hilfe rechnet er jedenfalls nicht; den gar nicht so schlechten Vorschlag von Pilenz, sich von ihr im Tischlerschuppen verstecken zu lassen, zieht er nicht einmal in Erwägung (127). Freilich wäre eine solch menschenfreundliche Tat von Tulla auch nicht zu erwarten. Tulla, ungebunden und unbindbar, gehört nicht zum literarischen Typ der den zerrissenen Mann heilenden Frau.

Dem Vorangegangenen nach trägt die Figur der Tulla Pokriefke wesentlich zu der poetischen Harmonie von *Katz und Maus* bei. Welche Bedeutung kommt ihr nun auf der Ebene der

Novellenthematik zu? Ist sie auch hier Gegenkraft, die das Gewicht des Schlimmen ein wenig hebt? Ist sie ein „positiver“ Charakter inmitten mehr oder weniger „negativer“? – Wenn ja, nach welchem Sittenkodex kann man ein Mädchen wertvoll nennen, das keine Scham hat, das Jungen dazu antreibt, vor seinen Augen zu masturbieren, das später mit seinen sich wandelnden Interessen auch die Freunde wechselt und „so ziemlich jeden ran“ läßt (103), ein Mädchen, das sich nicht scheut, zu provozieren, zu betteln und gar sich selbst anzubieten, nur um zu bekommen, wonach ihm gerade der Sinn steht, ein Mädchen auch, das ganz egoistisch und grausam ist, ohne Rücksicht auf andere nur seinen Neigungen folgt und zudem weder schön noch freundlich ist?

Es gibt keine normative Verhaltensmoral, nach der man Tulla einen vorbildlichen Charakter nennen könnte. Abgesehen davon, daß eine aus lauter Tullas bestehende Gesellschaft chaotisch wäre, kann sie schon darum nicht Vorbild sein, weil jede Nachahmung Selbstbewußtsein einschließt, deren Abwesenheit aber gerade der hervorstechende Charakterzug von Tulla ist. Ihr moralischer Wert liegt nicht in ihrer Person, sondern in ihrer Funktion. Er ergibt sich aus ihrer Gegenposition zur herrschenden normativen Unmoral im Novellengeschehen. Vermischt mit der kleinbürgerlichen Unmoral, die an Beispielen vorgeführt werden konnte, ist die nationalsozialistisch ideologische, die es in der Wirklichkeit möglich machte, daß Verbrechen, die jeder als solche erkennen konnte, mit Rechtmäßigkeit versehen und vom normalen Bürger ausgeübt werden konnten. Man will nicht sehen, man braucht nicht zu sehen, man soll nicht sehen, schließlich kann man nicht mehr sehen. Tulla sieht immer, weil für sie keine Forderungen daraus erwachsen, denn sie ist ohne Moral im Sinne einer Ausrichtung an ethischen Werten. Nur weil sie die Wucht sittlicher Verpflichtung nicht spürt, kann sie jeden Anblick ertragen und verlernt das Sehen nicht.[30] Gerade so aber hält sie auf der Ebene der Novellenthematik das Banner einer zwar nicht kultivierten, aber auch nicht zerstörten Menschlichkeit in einer Welt hoch, in der unter der Schattenflucht chaotischer geistiger Zwänge Menschen verdorben werden und verderben. Sie ist ein Stück urwüchsiger Gesundheit im kranken Leib des sie umgebenden Geistes.

Tullas Gegenposition ist nicht kämpferisch, sondern existentiell. Nicht weil sie sich an der Arbeit einer Widerstandsgruppe beteiligen will, wird sie ein prominentes Mitglied der Störtebekerbande, sondern weil sie sich in den Störtebeker „vergafft" hat (88). Sie relativiert Ideologisches, indem sie seiner ungeachtet ihre unmittelbare Lebensweise behauptet. Dadurch zersetzt sie es, denn es läßt wesensmäßig keine Ausnahme zu, schon die federleichteste widerlegt es. Auch bei der „Olympiade" auf dem Wrack unterscheidet sich ihr Erleben wesentlich von dem der anderen. Für Pilenz und die anderen Jungen ist Mahlkes Darbietung vor allem ein großer Fortschritt in Richtung auf seine soziale Vormachtstellung. Diese baut sich nach von allen akzeptierten Regeln aus Überlegenheitsbeweisen der einen und Unterlegenheitseingeständnissen der anderen auf. Das trägt insofern den Charakter des Ideologischen, als es wie ein Dogma außer Zweifel steht, obwohl es nur eine bedingte Regel sozialen Verhaltens ist. Tulla ist nur an der natürlichen Seite der Sache interessiert. Mit der Gerissenheit des Plagegeistes trifft sie Mahlkes verwundbare Stellen: die Angst, nicht mitzukönnen („kannste das nich?"), die Angst, mit seinen abweichenden Neigungen Verdacht zu erregen („willste nich?") und die Sorge um sein Ansehen als einer, der niemandem als sich selbst gehorcht („darfste nich?"). Sie hat selbst keine Ideologie, aber sie benutzt die Ideologie der anderen schlau für ihre Zwecke. Neben Tullas praller, triebhafter Neugier erscheint, was sich hier im Hintergrund des zwischenmenschlichen Bereichs abspielt, wie eine gespenstige Konstruktion. Um das Gesagte zusammenzufassen, Tulla wirkt als Splitter im Fleisch einer an die fraglose Hinnahme von Anschauungen, Regeln und Geboten gewöhnten Gesellschaft.

Man könnte einwenden, daß kultiviertere Verhaltensfundamente als die Amoral besser für die Rolle der gegen den herrschenden Geist gerichteten Kraft geeignet wären, z.B. das Christentum oder die Errungenschaften eines aufgeklärten Humanismus. Es ist aber ein dem Thema von der Verführbarkeit des Menschen angegliedertes Nebenthema der Novelle, daß auch diese anfällig sind, weil sie nur in Theorie und Idealforderung gelehrt werden, ihre Anwendung im Alltag aber nicht geübt wird.

4.4
Kleinbürgertum – die verlorene Aufklärung

Lessings Büste verleiht der Aula die Atmosphäre humanistischer Tradition, niemand merkt, daß seinem Geist Hohn gesprochen wird. Die Kirche begnügt sich damit, in Mahlke ein treues Mitglied zu haben, steuert aber seinen unchristlichen Marienkult nicht. – Im Milieu von *Katz und Maus* ist Moral darum der Gegenpol zur normativen Unmoral, weil eine erosionsfeste Moral nicht zur Verfügung steht.

Damit wäre auch die Stelle des Ekelhaften in der Novellenthematik umrissen. Es ist bezeichnend für die nationalsozialistische Ideologie, daß sie sich überkommene Werte und Vorstellungen leicht dienstbar machen konnte. Nur was sich ganz und gar nicht mit den neuen Ideen vertrug, blieb von solcher Assimilation verschont, so der Bereich primärer Triebe, vor allem die nicht auf sorgsame Fortpflanzung bedachte Sexualität, und alles sinnlich Abstoßende und Ekelhafte. Die Ideologie machte es zum Attribut wertlosen Menschentums. Joachim Mahlke, der sich dem Hitlerjugendgeschmack nach unmöglich zurechtmacht, der von dürftiger, häßlich komischer Erscheinung ist und ekelhafte Dinge tut, sieht den „minderwertigen" Menschen dieser Zeit ähnlicher als den „hochwertigen". Da er aber auf seine abweichende Art die Bewunderung und Gefolgschaft der Mitschüler gewinnt und für sie „der große Mahlke" (78) wird, ist er ein lebendiger Beweis gegen diese Unterscheidung. Dieser glanzlose Held wird sogar zum Träger eines Restes von Hoffnung auf das Überleben des aufgeklärten Menschen in dieser hoffnungslosen Zeit; denn bei allem Ausgeliefertsein an die Mächte der Zeit glüht in ihm noch etwas von dem Drang, sich seines eigenen Verstandes ohne Hilfe eines anderen zu bedienen und die Welt vernünftig zu begreifen und menschlich zu bewältigen. Wie die Reden der Ritterkreuzträger zeigen, ist das Strahlende zur Schale der Entgeistigung und Entmenschung geworden. Deshalb ist in *Katz und Maus* das Unansehnliche ein letzter Hort für das Überleben des Menschlichen. Dieser Gedanke ist auch in dem Grinsen des mickrigen Prügelknaben Buschmann angedeutet: „... das verliert sich nicht so schnell, ist dauerhaft, überlebt Kriege und Währungsreformen und war schon damals ... den Ohrfeigen des Studienrates Mallenbrandt überlegen" (58).

Die Oberfläche der nationalsozialistischen Ideologie ist in *Katz und Maus* weitgehend ausgespart. Wenn man einbezieht, wie spät Grass selbst von ihr Abstand gewonnen hat,[31], dann kann man annehmen, daß er mit Bedacht von seinem wirklichen Vorbild abgewichen ist. Die nationalsozialistische Ideologie ist leicht erkennbar, z. B. in den Reden der Ritterkreuzträger, nicht jedoch das ideologische Denken, das sie stützte und wirksam machte. Grass zeigt, wie es im alltäglichen Verhalten der Kleinbürger wirksam ist. In *Katz und Maus* steht nicht die historische nationalsozialistische Ideologie im Licht der Kritik, sondern das fortdauernde ideologische Denken, das sie stützte. Einzelne Kriege und Ideologiesysteme sind nur Kulminationen eines eingewurzelten und verzweigten Netzwerks von „Kriegshaftem" und „Ideologiehaftem", das schwer zu sehen ist. So war es notwendig, den alles Licht absorbierenden Übernamen „Nationalsozialismus" wegzuziehen, um ein wenig von diesem Netzwerk bloßzulegen. – Diesen verborgenen und undefinierten geistigen Hintergrund repräsentiert das in Horizontale und Vertikale beziehungsreiche Ritterkreuz umfassender, als es das Hakenkreuz vermöchte, denn das Hakenkreuz gehört der historischen Vergangenheit an, und nur ein paar Narren fühlen sich durch seine Infragestellung getroffen. Zwar ist auch das Ritterkreuz als Preis für Kriegsleistungen im Dienst eines verbrecherischen Systems anrüchig geworden, aber als ehrende Auszeichnung im allgemeinen ist es im Beziehungsgeflecht lebendiger Vorstellungen noch gegenwärtig.

Es fällt auf, daß Pilenz das Wort „Ritterkreuz" wie den Gottseibeiuns meidet – „das Band mit jenem, mir unaussprechlichen Orden" (72), „das Ichsprechesnichtaus" (115). Er gebraucht eine Reihe von Ersatznamen und wählt dazu mit Vorliebe die fernsten Oberbegriffe – Ding, Gegenstand, Artikel, Orden, Apparat, Stück Eisen, Metall – und den Ulknamen „Bonbon". Er erfindet Spottnamen – „Magnet", „Dingslamdei" – und bizarre Umschreibungen – „das Gegenteil einer Zwiebel", „galvanisierter Vierklee", „des guten alten Schinkel Ausgeburt". Erst im letzten Absatz fällt das altgewohnte Wort. Die Untersuchung dieser Schwierigkeit des Pilenz, das Ritterkreuz beim Namen zu nennen, führt zu seiner Funktion als Erzähler. Aber bevor Pilenz in dieser Funktion beleuchtet wird, sei er noch als ein heimlicher Außenseiter der Gesellschaft betrachtet, der besonders geeignet ist, zum Chronisten seiner Umwelt zu werden. Pilenz vertritt die ausgeprägteste Variation der inneren Spaltung in unbewußtes natürliches und bewußtes prätendiertes Wesen.

4.5
Pilenz: der verkappte Außenseiter

Zu den anstoßerregenden Stellen in *Katz und Maus* gehört die Erwähnung der auf homoerotische Veranlagung deutenden Berührung, mit der Hochwürden Gusewski dem dreizehnjährigen Pilenz „vom Nacken abwärts unters Hemd bis zum Bund der Turnhose" fährt (90). Hochwürden Gusewski ist beschrieben als ein Mensch mit durchschnittlichen Tugenden und Untugenden. Er gönnt sich ein paar kleine Freuden und Eitelkeiten, raucht „Orientzigaretten mit Hilfe einer kompliziert geschliffenen Bernsteinspitze", läßt sich das Weißzeug „übermäßig stärken" und legt „Lavendelsäckchen" zwischen die Meßgewänder; er ist „gläubig mit Einschränkungen", er ist auch opportunistisch und läßt seinen Namen Gusewski zu Gusewing „germanisieren", er unterhält eine gutausgewählte Bibliothek für eine wenig lesende Arbeitergemeinde" und gilt als fortschrittlich: „insgesamt ... ein Priester wie hundert andere" (90). Er ist der einzige Erwachsene, der sich um die jungen Leute kümmert, der einzige, der Mahlkes Nöte nicht mit Widerwillen und Spott, sondern mit Sorge bemerkt, der einzige auch, der dem geringgeschätzten Pilenz das Gefühl gibt, etwas leisten zu können und gewollt zu sein. „Gab mir auch Mühe. Bot nicht das übliche Geschlurfe", sagt er noch als Erwachsener mit kindlichem Stolz; „Hochwürden Gusewski, jedenfalls, war immer wieder froh, wenn ich ihm als einer der beiden Ministranten zur Seite stand" (47). Die Briefe, in denen er Pilenz von zu Hause berichtet, womöglich die einzigen, die Pilenz erhält, sind diesem so wertvoll, daß er sie auf die Flucht nach Westen mitnimmt.

Es ist nicht auszumachen, ob Grass mit Pilenz vornehmlich einen Homosexuellen entworfen hat. Auch ohne diesen Faktor wäre dessen Charakter ausreichend psychologisch motiviert. Seine Hinzunahme aber gibt Gelegenheit, die Persönlichkeit des Pilenz und sein Verhältnis zu Mahlke sowie das zu seiner Umwelt aus einer Ursache zu entwickeln. Dafür spricht: die enttäuschte

Liebe zu der ehebrecherischen Mutter, die sich in Sarkasmus Luft macht (97, 107, 139), die Eifersucht auf den Bruder (107), die Erfolglosigkeit bei Mädchen[32] und nicht zuletzt die stark emotionale Neigung zu Mahlke. Pilenz unterscheidet sich von den anderen im sexuellen Bereich und empfindet dies als einen wesentlichen Mangel, der ihn zum Abseitsstehen verdammt.

Rein äußerlich gesehen, ist Pilenz also in einer ähnlichen Lage wie Mahlke. Beide werden zu Außenseitern, weil die Natur sie mit von der Norm abweichenden Zügen ausgestattet hat. Aber während es bei dem einen Körpermerkmale sind, mit denen er sich sichtbar unterscheidet, ist es bei dem anderen eine innere Abweichung, von der niemand weiß und wissen darf. Schon hieraus ergibt sich die ungleich schwierigere Lage des Außenseiters Pilenz und auch seine ständige Sorge, durchschaut zu werden. Mahlke muß sich zunächst nur gegenüber dem herrschenden Idealbild vom äußeren Menschen, dem er nicht entspricht, behaupten. Pilenz hat die viel rigorosere Tradition moralischer Wertungen gegen sich, nach denen seine Veranlagung kriminell ist. Weiter ist die Lage von Pilenz auch deshalb schwieriger, weil er sich mangels Information und Orientierung kaum darüber klar werden kann. Aber selbst wenn ihm dies gelänge und sogar wenn er toleriert würde, so bliebe er doch immer ein Außenseiter, weil er nicht in der Lage ist, sich in den wesentlich von der Sexualität bestimmten sozialen Lebensformen zu bewähren. Pilenz ist gezwungen, auf Identität zu verzichten, sein natürliches Wesen zu unterdrücken und eine Nebenposition einzunehmen, in der nichts Unmögliches von ihm verlangt wird und nicht auffällt, daß er anders ist. Er findet eine solche Stellung als Sekretär und Fürsorger im Kolpinghaus. Hochwürden Gusewski, das einzige für ihn in Frage kommende Vorbild, kann als richtungweisend gedacht werden. Hier erzählt Pilenz von Mahlke und nimmt, von einigermaßen gesicherter Warte aus, die Selbstsuche, die mit seinem Werben um Mahlke begonnen hatte, wieder auf. Beim Erzählen spielt die Katze seiner angenommenen Rolle mit der Maus seines wirklichen Wesens, das um ein befreites Auftauchen in seinem Bewußtsein ringt, aber immer wieder zurückgedrängt wird.[33]

„Regen verbindet" (128, 130). Es ist das Anderssein, in dem Pilenz sich mit Mahlke verbunden fühlt. Er sucht einen Menschen, dem er bedenkenlos folgen kann. Diesem Ziel dient zunächst sein Bemühen, Mahlke aus der Gruppe zu sich in die Außenseiterisolation zu treiben. Er hetzt die Katze auf Mahlkes Gurgel und gibt sich alle erdenkliche Mühe, Mahlkes abweichende Züge zu sehen und – durch Wiederholung und Übertreibung – herauszustreichen, z. B. wenn er Mahlkes Adamsapfel mit einer „Rükkenflosse" vergleicht, die „eine Kielspur riß" (10). Mit der Betonung von Mahlkes merkwürdigem Verhalten im sexuellen Bereich versucht er sogar, ihn in die Art von Außenseiterposition zu lancieren, in der er sich selbst befindet. So wollte Pilenz Mahlke sehen, so hat er ihn gesehen, und so erinnert er sich an ihn.

Pilenz hängt sich an Mahlke. „Lief von ganz alleine neben ihm und seinen wechselnden Attributen." Er holt ihn zu Hause ab, damit er „an seiner Seite zur Schule gehen" darf, macht als erster die Puschelmode mit, trägt „auch eine Zeit lang, aber nur zu Hause, einen Schraubenzieher am Schnürsenkel" (81), bleibt Ministrant, um Mahlke bei der Kommunion beobachten zu können, nachdem er „den Glauben an den Zauber vor dem Altar schon lange ... verloren" hat (47), rasiert sich das noch haarlose Kinn, als Mahlke sich zum ersten Mal rasiert, und ist bereit, alles für ihn zu tun. „Und hätte Mahlke" zu ihm „gesagt: ‚Pilenz, klau ihm das Ding mit dem Drussel!'" (81), er hätte es getan. Er versucht, sich bei Mahlke beliebt zu machen: „Ich war es, der Dein Abbild als Erlöser mit dem Schwamm von der Tafel wischte" (38). Er bringt den Begriff „der Große Mahlke" (77) auf und besteht darauf, daß er es getan hat. Der Gedanke, Mahlke beim Eisauftauen geholfen zu haben, versetzt ihn in Verzückung, was in Anbetracht der Situation schon komisch wirkt (46). Überhaupt ist sein größter Wunsch, Mahlke zu helfen. Als dieser ihn einmal um Kerzen bittet, läßt er sich keine Mühe verdrießen, sie zu besorgen (93). Aber er muß sich immer wieder eingestehen, daß Mahlke für sich selber sorgt und seine Hilfe nicht benötigt. Das heißt in der die Zurückweisung verschleiernden Formulierung: „Dir war nicht zu helfen" (61 u. a.).

Mahlke duldet den ständigen Begleiter und anspruchslosen Gefolgsmann, hat aber nicht das geringste Interesse an ihm und läßt sich alles nur „wort- und zeichenlos gefallen" (81). Pilenz braucht Mahlke, aber Mahlke braucht Pilenz nicht. Er ist in einer anderen Lage als dieser, und zwar in einer günstigeren. Für ihn liegen Anerkennung und Eingliederung im Bereich des Möglichen, und er strebt sie an, indem er einmal versucht, die anderen in ihrem eigenen Bereich zu übertrumpfen, und zum anderen aus der Not eine Tugend macht und Kapital aus seinen abweichenden Zügen schlägt. Er suggeriert seiner Umgebung, daß sie etwas Besonderes seien, das ihn zu Besonderem befähige: Er will „einmal Clown werden und die Leute zum Lachen bringen" (20). So wird er vom komischen Außenseiter zum interessanten Mittelpunkt. Überdies kann er einen Nachweis sexueller Potenz erbringen, nachdem er ein für alle Mal in Ruhe gelassen wird. All das bleibt Pilenz versagt. Er ist zum Verbergen seiner Schwäche verurteilt, denn es ist unmöglich, sie zu einer Stärke umzumünzen. Seine Selbstdarstellung als Hamlet, der große Zögerer, kann als ein Versuch in dieser Richtung verstanden werden. Wenn er sagt, daß Mahlke alles getan habe, „um von seinem Adamsapfel abzulenken" (36), so projiziert er sein eigenes Handlungsmotiv, nämlich sich zu verheimlichen, auf Mahlkes Anstrengungen; denn es will nicht recht einleuchten, daß z.B. die an Mahlkes Hals baumelnden Dinge von dem Adamsapfel ablenken sollen, ziehen sie doch gerade erst die Aufmerksamkeit auf ihn. Mahlke hat für Pilenz und dessen Lage kein Verständnis; und da er nicht auf Pilenz angewiesen ist, hat er auch kein Interesse an einer Zweisamkeit mit ihm. Pilenz will verheimlichen, er hätte das gestohlene Ritterkreuz in die Linden geschleudert. Mahlke will zeigen, er trägt es zu Klohse. Pilenz sucht Unauffälligkeit und das Abseits; Mahlke sucht das Rampenlicht und Publikum.

Aber auf diesem Mitgefühl weckenden Bild verlorener Liebesmüh' hebt sich dunkel ein anderes ab, das bösere von der Katze und der Maus. Pilenz' Verhältnis zu Mahlke ist ambivalent. Er sucht seine Freundschaft und setzt ihm die Katze an den Hals; er läuft ihm nach und wünscht sich, „ihm nicht hinterdrein zu müssen" (89); er ist bereit, alles für ihn zu tun, und bewerkstelligt dann seinen Untergang. Mit dem Auf und Ab von Hoffnung und Resignation geht das von Oberhandgewinnen (53f., 64, 118 u.a.) und Loswerdenwollen (79, 89, 109 u.a.) einher. Einmal herrscht die Tendenz zum einen, dann die zum anderen vor. Im ganzen geht die Entwicklung von Hoffnung und Oberhandgewinnen zu Resignation und Loswerdenwollen. Als Wendepunkt vom einen zum anderen kann der Augenblick gelten, da Pilenz Mahlke vor dem Direktorzimmer des Conradinums trifft, „den besonderen Artikel am Hals" (114–117). Ein Vorerlebnis dieser Wende ist die

Szene, da Pilenz nach dem Ritterkreuzdiebstahl Mahlke auf dem Wrack findet, „den Artikel mit dem Band am Hals“ (82).

Im Arbeitsdienstlager erfährt Pilenz aus einem von seiner Mutter geschickten Zeitungsausschnitt von Mahlkes Erfolg. Auf der Heimfahrt schon hält er Ausschau, und in der Straßenbahn nach Langfuhr beginnt er „widersinnig aber versessen nach Joachim Mahlke zu suchen“. Wie magnetisch angezogen, geht er nicht erst nach Hause, sondern gleich in die Schule, hetzt in drei Sprüngen die Treppe hinauf, eilt fieberhaft durch die leeren Gänge und findet Mahlke endlich, „als der Korridor Amen sagt(e)“. Im nacherlebenden Erinnern dieses Augenblicks bricht eine Kaskade von Ersatzwörtern für das, was er an Mahlkes Hals erblickt, aus ihm hervor: „Das Dingslamdei, den Magneten, das Gegenteil einer Zwiebel, galvanisierten Vierklee, des guten alten Schinkel Ausgeburt, den Bonbon, Apparat, das Ding Ding Ding, das Ichsprechesnichtaus.“ Es ist wie ein Sturmlaufen auf das richtige Wort: ausgehend vom allgemeinen, unbestimmten Ausdruck, geht es zu immer individuelleren, um wieder in den allgemeinsten, ja noch einen Schritt hinter diesen, zurückzufallen. Der Lauf mißlingt also, und so mißlingt auch der wie immer geartete Annäherungsversuch an Mahlke, der mit der eindringlichen, über eine Seite langen Beschreibung Mahlkes in der Du-Form Ausdruck findet. Auch hier folgt dem hoffnungsvollen Aufschwung Erschlaffung und Enttäuschung: „Und als ich vor Dir schnell atmete ..., wurde Dein Blick kaum größer.“ Denn Mahlke nimmt Pilenz kaum wahr, so sehr ist er mit sich und seinem Plan beschäftigt. „Warte hier auf Klohse. Gibt irgendwo Mathematik.“ – antwortet er ohne Grußwort, als Pilenz sich mit „Tag, Unteroffizier Mahlke!“ bemerkbar macht. Von Wiedersehensfreude keine Spur. Es ist ein tötender Augenblick für Pilenz, der Nullpunkt, in dem Bewunderung und Zuneigung endgültig in Gehässigkeit und Rachsucht umschlagen. Lauernd kommt seine Frage: „‚Weiß Klohse denn, daß Du hier wartest?‘“; und der in Variationen sieben Mal wiederkehrende „Scherzversuch“: „‚Der wird sich freuen.‘“ zeigt schon kaum verhohlene Schadenfreude. Mahlke merkt nichts. Auf den vertraulich freundschaftlichen Ton des Pilenz: „‚Ja Mensch, erzähl doch, wie haste das hinbekommen, und in so kurzer Zeit?‘“ geht er nicht ein, sondern antwortet mit gönnerhafter Arroganz: „‚Mein lieber Pilenz, Geduld, sage ich; in meinem Vortrag werden so ziemlich alle Probleme, die mit der Verleihung zusammenhängen, berührt und behandelt werden.'"[34] Die Szene spielt sich vor einer ausgestopften Katze im „Glaskasten für ausgestopfte Säugetiere" ab und ist begleitet von dem Motiv des Katz-und-Maus-Spiels, in dem Katze und Maus immer aktiver werden (117f.).

Die vorhergesehene Niederlage Mahlkes bei Klohse ist für Pilenz ein „kleiner dreckiger Triumph: wieder einmal bekam ich Oberwasser. Na warte!" Er beschließt, Mahlke behilflich zu sein, um ihn damit tatsächlich nur tiefer in seine verfahrene Lage hineinzusteuern. „... kleinlaut und verschlagen" spricht er zunächst mit Klohse (118). Scheinbar um Verständnis werbend – „könnte man nicht ... in diesem besonderen Fall ... und weil er seinen Vater so früh verloren hat ..." –, bestärkt er tatsächlich den Oberstudienrat in seiner Entscheidung – „verstehe ich Sie vollkommen. Der unumstößliche Faktor: Die Ordnung der Anstalt. Nichts läßt sich ungeschehen machen" –. Von nun an ist Pilenz nicht mehr als anhänglicher Freund, sondern als böser Geist Mahlke „hinterdrein" (121). Er weiß, daß Mahlke nur ein Ziel hat, nämlich die Aula des Conradinums. Deshalb sind seine Bemühungen, ihm anderswo Redemöglichkeit zu verschaffen – er verhandelt mit Gusewski, Tulla, seinem ehemaligen Jungbannführer und Rennwand von der Störtebekerbande – nur Theater. Als er Mahlke gar empfiehlt, nach Tuchel-Nord zu fahren, wo der Kammerbulle und der Küchenchef sich bestimmt über seine Rede freuen würden, wird deutlich, daß er Mahlke verspottet. Gleichzeitig ist er darauf bedacht, sich von Mahlke, dessen Lage gefährlicher wird, abzusetzen. So entschuldigt er sich sofort bei Klohse, nachdem Mahlke ihn geschlagen hat, und indem er dabei auch Mahlke entschuldigt, sabotiert er dessen Absicht.

Noch einmal scheint sich das Blatt zum Besseren zu wenden, als Mahlke verkündet: „‚Die einzige, an die ich glaube, ist die Jungfrau Maria. Deshalb werde ich auch nicht heiraten.'" Die Lebhaftigkeit, mit der sich Pilenz daran erinnert, und die Bemerkung „Mir blieb der Satz" (123) lassen darauf schließen, daß er dies als eine Art Freundschaftsgelöbnis auffaßt, das noch in der Gegenwart nicht bedeutungslos geworden ist. „Wenn immer ... triumphiert ernst und als Clown über Katze und Maus mit unwiderlegbarem Glauben: ‚Natürlich nicht an Gott. Schwindel, Volk zu verdummen. Einzige ist Maria. Werde nicht heiraten'" (124). Lange laufen sie dann unschlüssig herum, bis sie in einer Straßenbahn Tulla zu erkennen glauben. Da erprobt Pilenz Mahlke: „,Mit der solltest Du es mal versuchen'" (124). Nach geringem Widerstand befolgt Mahlke diesen Rat überraschend schnell. Am nächsten Tag trifft Pilenz ihn in der Kapelle. Er ist übernächtigt und unrasiert und sieht so schlecht aus, daß Hochwürden Gusewski sich um ihn kümmern will; Pilenz wehrt jedoch ab: „,Lassen Sie nur, Hochwürden, werde mich schon um ihn kümmern.'" Zu Mahlke sagt er gleichwohl grob: „,Du Idiot, was willste denn noch hier? ... Ich will damit nichts zu tun haben'" (126). Aber so wenig er mit dem Deserteur zu tun haben will, so schlecht kann er sich auch von dem alten Freund lösen, ohne Klarheit zu haben. Als Mahlke von seinem Zusammensein mit Tulla berichtet, wehrt sich Pilenz zunächst: „Ich ließ mir nichs vormachen und nagelte ihn fest: ,So, wegen der Pokriefke also. Die war aber gar nicht. Die fährt Linie Zwei nach Oliva und nicht Linie Fünf.'" Aber Mahlke bleibt dabei, und jetzt drängt es Pilenz immer mehr, ihn loszuwerden. Dementsprechende Bemerkungen häufen sich (129f.). Er lehnt es ab, ihn bei sich zu verstecken oder bei der Störtebekerbande deswegen anzufragen; er verweist ihn an Tulla und gibt schließlich den fatalen Rat: „Oder auf dem Kahn" (127). Die Volksschüler machen ihn ungeduldig, Mahlkes Stachelbeeressen geht ihm auf die Nerven, er wird wütend, flucht, und als Mahlke ihm mit seinen Bauchschmerzen einen Strich durch die Rechnung zu machen scheint, zwingt er ihn brutal zum Aufstehen, indem er ihn tritt. Er lügt und heuchelt abgefeimt, als er die falsche Nachricht von der Verhaftung der Mutter bringt – „Wollte es Dir eigentlich nicht sagen" (132).

Aber gegen das Ende hin ist es doch wieder Mahlke, der die Oberhand gewinnt. Mit der „Diktion" seiner gestammelten Rede legt er Pilenz ein Tempo im Rudern auf, das nun diesen ins Schwitzen bringt, und in Rede und Verhalten zeigt er sich wieder gelassen und überlegen. Als Mahlke untertaucht, geschieht das in eigener Regie, und Pilenz bleibt zurück wie der genasführte Böse. Seine wichtigsten Fragen bleiben unbeantwortet: Wo ist das Ritterkreuz? – „Aber der Bonbon? Am Hals hing er nicht." – Was bedeutet Tulla für Mahlke? – „Verfluchte er Nagetiere?" – Wollte er ihn Pilenz wiedersehen? – „Ich glaube nicht, zu hören, daß Du ,Also bis heute Abend!' sagtest" (137). – Die Maus ist der Katze davongelaufen. Das Spiel ist aus.

Der Unterschied zwischen Pilenz und den anderen Vertretern kleinbürgerlicher Geistesverfassung in *Katz und Maus* liegt vor allem darin, daß er sie bei sich und damit auch bei anderen weitgehend durchschaut, ja, daß dieses Durchschauen Zweck und Ziel seiner Bemühungen ist. Mit dieser besonderen Begabung ist er der geeignete und glaubwürdigste Chronist dieser Kleinbürgerwelt; es gelingt ihm, etwas von dem gefährlichen Wurzelwerk bloßzulegen, das unter ihrer zum Teil kauzigen und liebenswürdigen Oberfläche verborgen ist.

5
Der Erzähler

5.1
Das Ritterkreuz als Erzählstimulans

„Welcher Fisch bringt ihn mir?“ (137), fragt Pilenz und meint damit das Ritterkreuz, das mit Mahlke verschwunden ist. Er verrät damit, daß es nicht nur im Zusammenhang mit Mahlke, sondern auch allein für ihn Bedeutung hat. Da das „Ding“ kurz vor Ende der Geschichte verschwindet und das Wort dafür im letzten Abschnitt auftaucht, liegt die Vermutung nahe, daß hier ein Stück Erzähltechnik im Bild erscheint und in den erzählten Vorgang eingewoben ist. Mit der Frage: „Wer schreibt mir einen guten Schluß?“ (140) bekennt Pilenz, daß er selbst einen solchen nicht verfassen kann.

Auf der Ebene des erzählten Geschehens ist Pilenz eine beteiligte Figur. Auf der Ebene des fiktiven Erzählvorganges ist er der Erzähler. Auf der Ebene der Erzähltechnik ist er ein Kunstgriff des Autors, das Element, das dem Stoff seine besondere Gestalt und Tendenz gibt. Auf dieser Ebene ist Pilenz nicht mehr als Mensch vorstellbar. Hier ist er ein abstraktes Medium, bestehend aus Gestaltungsprinzipien und -richtlinien für *Katz und Maus,* als da sind Auswahl und Verkettung des Stoffes, Standpunkt, von dem aus der Stoff gesehen wird, und Perspektive, in der er erscheint. In dieser Mittlerexistenz wirkt Pilenz auch als Kontrollinstrument für den Autor, der sich an die Gesetze der einmal gewählten Form hält.

Erfindung und Gestaltung des Stoffes wirken im kreativen Prozeß zusammen. Im Fall von *Katz und Maus* kann man im Ritterkreuz die Kraft verkörpert sehen, die beide Akte zusammenhält. Es wird als ein Ding erlebt, in dem sich viele Linien des Lebens treffen und kreuzen, wodurch es dem Erlebenden zum Initiator für die Entwicklung zusammenhängender Lebenskomplexe und Geschichten wird. Um den Gegenstand die Durchlässigkeit für solche Linien und damit seine Wirkkraft als Erzählstimulans zu erhalten, darf er nicht begrenzt werden, genauer, dürfen die Vorstellungen, die er weckt, nicht begrenzt werden. Dies würde mit seiner Definition geschehen, deren engste Form ein Name ist. Deshalb darf er nicht benannt werden, und deshalb spricht Pilenz das Wort nicht aus. Er kann es nicht aussprechen, solange der Gegenstand weiterzeugende Geschichten strahlt; er darf es nicht, wenn er nicht den Zentrierpunkt seines Erzählens verlieren und seine Geschichte auseinanderfallen lassen will; er möchte es aber, weil ja das Ziel seines Erzählens ist, mit dem Erzählten zu Rande zu kommen und innerlich fertigzuwerden. Unglücklicherweise entschwindet ihm der sein Erzählen inspirierende Gegenstand vorzeitig, d.h. bevor er zu einem befriedigenden Ende vordringen konnte. Dahinter mag der Gedanke stehen, daß es eben keine befriedigend schließenden Geschichten gibt. „Gibt es Geschichten, die aufhören können?" (106) Tatsache ist, daß er den Schlußpunkt setzen und das verriegelnde Wort „Ritterkreuz" aussprechen muß, bevor er sein Ziel erreicht hat. Pilenz, das Erzählmedium, muß abtreten, ohne ganze Arbeit geleistet zu haben.

Nachdem das Ritterkreuz verschwunden ist, tritt Pilenz als Erzählmedium schrittweise in den Hintergrund. Wenn von ihm in der dritten Person gesprochen wird – „Pilenz mit dem Büchsenöffner in hämmernder Faust" (138) –, muß anscheinend schon der Autor seine Rolle einnehmen. Sein Verstummen beginnt mit der Stille, die der fiktive Charakter Pilenz erfährt:

> Seit jenem Freitag weiß ich, was Stille ist, Stille tritt ein, wenn die Möwen abdrehen. Nichts vermag mehr Stille zu bewirken, als ein arbeitender Bagger, dem der Wind die eisernen Geräusche wegstemmt. Aber die größte Stille bewirkt Joachim Mahlke, indem er auf meinen Lärm keine Antwort wußte (138).

Dem Karfreitag in der von Pilenz erlebten Version des Ostergeschehens[35] folgt kein Auferstehungssonntag. Am Sonnabend schon fährt er ab. Die Arbeit des Baggers, die nur Stille bewirkt, ist ein Bild für das Erzählen, das Pilenz von jetzt an zu leisten vermag. Der zum Erzählen notwendige Schwung ist weg. Es reicht nur noch zu ein paar armselig nachklappernden Erzählansätzen. Achtmal versucht er, sich zusammenzureißen:

> „Also ich ruderte zurück"; „Also, ich warf den Büchsenöffner weg"; „Also, ich warf weg, ruderte zurück"; „Also, nach alledem ging ich nicht gleich nach Hause"; „Also, meine Mutter hatte gerade das Mittagessen fertig"; „Also, ich las und las und las meinen Einberufungsbefehl"; „Mit diesem Feldstecher also"; „Also, es rührte sich nichts auf dem Kahn"; „Also, ich packte" (138f.).

Sein Erzählen kommt über Stilübungen nicht mehr hinaus. Die Also-Ansätze stehen in krassem Gegensatz zu dem Schwung, mit dem die Novelle gongartig einsetzt: „... und einmal, als Mahlke schon schwimmen konnte" (6). Der Erzählstrom, der in der poetisch machtvollen Eingangsparabel von Katz und Maus aufbrach, tröpfelt jetzt aus. Das Letzte, was aus der geschichtenspendenden Vergangenheit in die geschichtenlose Gegenwart hinüberklingt, ist die Nachricht, daß Pilenz sein Tagebuch „später mit Foto und Briefen bei Cottbus verloren" (140) hat; sie klingt wie eine faule Entschuldigung für sein Versagen.

Die hilfesuchende Frage „Wer schreibt mir einen guten Schluß?" liegt dann etwas schief im Munde des Pilenz. Er schreibt ja keine Novelle, die einen guten Schluß verlangt, sondern er betreibt Gewissenserforschung mit der Hoffnung auf ein klärendes und beruhigendes Resultat. Hier ist Pilenz Sprachrohr, nicht mehr Erzählmedium. Die Frage kann verstanden werden als eine Art Stellenangebot des Autors für einen neuen fiktiven Erzähler, weil der alte nicht mehr brauchbar ist und ausgedient hat. Pilenz kann die Geschichte nicht in die Gegenwart und Zukunft weiterführen, denn er ist darauf festgelegt, nur die Vergangenheit nachzuerleben und zu erforschen, er kann nur im Banne Mahlkes und des Ritterkreuzes erzählen. Ohne seinen Stoff ist der Gestalter nichts.

Um es noch einmal anders auszudrücken: Was im erzählten Vorgang das Verschwinden Mahlkes und des Ritterkreuzes ist, bedeutet im fiktiven Erzählvorgang, daß der Erzählgegenstand, also Mahlke und das Ritterkreuz, der lebendigen Einbildungskraft des Pilenz entglitten und wieder in das tote Gedächtnis abgesunken ist. Er weiß noch davon, kann aber nichts mehr damit anfangen. Er liegt wie ein Schatz auf dem Meeresgrund, unwiederbringlich, wenn nicht ein Zufall zur Hilfe kommt. „Welcher Fisch bringt ihn mir?". Im authentischen Erzählvorgang heißt dies, daß das Motiv vom großen Taucher, Clown und Ritterkreuzträger mit seinem Untertauchen und seiner Desertion am Ende des Krieges erschöpft ist. Jedenfalls hat der Autor Schwierigkeiten, es organisch in die entsprechenden Nachkriegserscheinungen – Tauchunternehmungen aller Art, durchreisende Zirkusse und Treffen von Ritterkreuzträgern – einzuknüpfen. Er findet darin keinen Mahlke: „Aber nie zündet sich der Große Mahlke eine Zigarette auf flimmernder Filmleinwand an; immer rauchen andere." – „Aber die Herren sind oft humorlos und wollen von einem Kollegen Mahlke nichts gehört haben." – Aber Du wolltest nicht auftauchen" (140). Auch das lebendige Geschichten strahlende Ritterkreuz ist fort, es ist zur Hohlform geworden und identisch mit der Oberfläche seines Namens.

5.2 Erzählmedium und fiktive Figur

Das Erzählmotiv des fiktiven Erzählers Pilenz ist sein unruhiges Gewissen. An einigen Stellen läßt er jedoch durchblicken, daß dieses Motiv und auch er selbst nur Produkt eines anderen Erzählers und von diesem gesteuert sind, so wenn er mit „der uns erfand, von berufswegen, zwingt mich" (7) auf den authentischen Erzähler anspielt. Wie in vager Erinnerung an seinen gleichsam vorexistenten Zustand in der Vorstellung des Autors bestimmt er hier das sonst mit seinem Schuldkomplex motivierte Erzählenmüssen als das dem Geschöpf von seinem Schöpfer unausweichlich mitgegebene Muß seiner Bestimmung, der Erzähler Mahlkes zu sein. Wie das abstrakte und manipulierte Erzählmedium Pilenz in eine selbständige fiktive Figur übergeht bzw. zu einer solchen entwickelt wird, soll die Analyse des gleich auf das Katz-und-Maus-Ereignis folgenden Abschnitts zeigen, mit dem die eigentliche Erzählung beginnt:

> Ich aber, der ich Deine Maus einer und allen Katzen in den Blick brachte, muß nun schreiben. Selbst wären wir beiden erfunden, ich müßte dennoch. Der uns erfand, von berufswegen, zwingt mich, wieder und wieder Deinen Adamsapfel in die Hand zu nehmen, ihn an jeden Ort zu führen, der ihn siegen oder verlieren sah; und so lasse ich am Anfang die Maus über dem Schraubenzieher hüpfen, werfe ein Volk vollgefressene Seemöwen hoch über Mahlkes Scheitel in den sprunghaften Nordost, nenne das Wetter sommerlich und anhaltend schön, vermute, daß es sich bei dem Wrack um ein ehemaliges Boot der Czaika-Klasse handelt, gebe der Ostsee die Farbe dickglasiger Seltersflaschen, lasse nun, da der Ort der Handlung südöstlich der Ansteuerungstonne Neufahrwasser festgelegt ist, Mahlkes Haut, auf der immer noch Wasser in Rinnsalen abläuft, feinkörnig bis graupelig werden; doch nicht die Furcht, sondern das übliche Frösteln nach zu langem Baden besetzte Mahlke und nahm seiner Haut die Glätte" (7).

Mahlke erscheint also zunächst als eine Kreatur des Autor-Erfinders wie auch Pilenz („der uns erfand"). Einen Schritt weiter in Richtung auf die nächste Stufe der Distanz zwischen authentischem und fiktivem Erzähler beginnt ein Gestalt gewordener Pilenz scheinbar ungegängelt seiner Arbeit nachzugehen und gibt deshalb die Schöpfung des Brudergeschöpfs jetzt als seine eigene aus („deinen Adamsapfel in die Hand nehmen"). Mahlke ist hier eine in Pilenz anwesende, noch nicht ganz aus ihm hervorgegangene Möglichkeit; er ist ihm verfügbar wie die Teile einer noch nicht zusammengesetzten Gliederpuppe. In der nächsten Handlung wird Mahlke auf einer weiteren Distanzstufe sichtbar, nicht nur seinem wirklichen, sondern auch seinem vorgeblichen Schöpfer entwachsen, nämlich als eine Erinnerung des Menschen Pilenz („an jeden Ort zu führen, der ihn siegen oder verlieren sah"). Dieser Satz koppelt also Handlungen auf drei verschiedenen Geschehensebenen, auf der des authentischen Erzählvorgangs, auf der des fiktiven Erzählvorgangs und auf der des erzählten Vorgangs. Man kann darin den Prozeß fortschreitender Objektivierung und Konkretisierung von poetischen Einfällen des Autors sehen. Man kann es auch als den kreativen Vorgang verstehen, nach dem Muster der Emanationspyramide vorgestellt, an deren Spitze ein substanzgleicher, alles enthaltender Urstoff sich, ohne Substanz zu verlieren, in eine stufenweise konkreter werdende Materie ausfließen läßt, wobei jede Stufe aus der nächsthöheren, dem Urstoff näheren und damit geistigeren, hervortritt. Schließlich zeigen sich hier auch ständig Seite an Seite laufende, sich manchmal überlagernde Schichten der Wirklichkeitsbewußtheit.

Die Gestalten des Mahlke und des Pilenz entwickeln sich aber nicht nur vorwärts, sondern schwanken auch zwischen mehreren Existenzgraden vor und zurück. Obwohl Mahlke schon in der Qualität des erinnerbaren Menschen aufgetreten ist, muß er noch Körper annehmen. Das geschieht innerhalb des Startbilds für die Handlung, das Pilenz aus Oberflächenrequisiten nach Art des Baukastenspiels zusammensetzt, also nicht aus einem Grundgedanken entwickelt („lasse ich ... werfe ... nenne ... vermute ... gebe ... lasse ..."). Anders ausgedrückt, Pilenz ist dabei nur ausführender, nicht eingeweihter Erzähler. Hier läßt sich, nebenbei gesagt, ein Prinzip der Kombinatorik in *Katz und Maus* erkennen: Die Dinge, die Details, rücken nicht im Gehorsam gegenüber einem vorgefaßten Gedanken, zu dessen Verbildlichung sie dienen, zusammen, sondern sie werden, eins nach dem anderen, eher in einer Art intuitiven Abwägens an die Stelle gesetzt, an der sie notwendig sind, um das Bild zu einer ästhetisch befriedigenden Vollendung zu führen. Erst nachdem die Szene so gesetzt ist, steht die fiktive Wirklichkeit ganz da, von keiner authentischen Wirklichkeit mehr gebrochen; die Handlung rollt ab. Der Leser kann entweder Distanz bewahren, indem er sich selbständig die anderen Ebenen im Bewußtsein hält, oder er kann sich für eine Weile, bis zur nächsten Verfremdung, der Wirklichkeitsillusion ergeben. Von jetzt an beschreibt und erklärt Pilenz seinen Freund, so gut es ein Mensch eben kann („doch nicht die Furcht ...").

Aus diesem Schwanken des Erzählers zwischen mehreren Existenzebenen kann man auch die immer wieder einbrechende Anrede in der zweiten Person (Singular) verstehen. Mit dem „Du" kehrt Mahlke in die Nähe des Erzählers zurück, in jenen Zustand halbvollzogener Schöpfung und in eine Substanz, gemischt aus Vorstellung und Wirklichkeit, um sich dann mit der Nennung in der dritten Person (Singular) wieder in die ganz geschaffene Gestalt und in Ferne und Vergangenheit zu distanzieren. Unterstützt wird dies dadurch, daß die Du-Benennungen häufig mit einer Unsicherheit über Mahlke einhergehen, die sich von der das ganze Geschehen wie ein feines Netz durchziehenden Unsicherheit, die aus Erinnerungsschwächen und dem Charakter des Pilenz kommt, unterscheidet. Es ist eher die Unsicherheit der sich versuchend vortastenden, weiterformenden Schöpferhand. Das wird deutlich an einer Stelle im 12. Kapitel, wo der Erzähler Mahlke als Ritterkreuzträger wiedersieht und ihn, einleitend mit „Wie sah er aus?" (115), ausführlich beschreibt, wonach dann der andere Mahlke entstanden ist. An anderer Stelle heißt es als Abschluß einer Beschreibung des betenden Mahlke: „Womöglich half er durch übertriebenes Schlucken nach, um die Glasaugen der seitlich stehenden Jungfrau zu ködern; denn ich kann und will nicht glauben, daß Du jemals auch nur das Geringste ohne Publikum getan hättest" (48). Die kausale Konjunktion „denn" nennt also als Ursache für eine Handlung Mahlkes den Glauben des Erzählers und seinen Wunsch zu glauben.

Eine eindeutige Trennung zwischen fiktivem und authentischem Erzähler ist natürlich nicht durchführbar, denn Pilenz ist ja tatsächlich kein selbständiges Geschöpf, sondern lebt immer von Gnaden des Autors. Er bleibt dessen Spielfigur und wird nie ein unabhängiges Wesen. Wenn Pilenz ohne vorherige Ankündigung mit seinem Erfinder identisch wird, so fällt das auch nur dem sehr aufmerksamen Leser auf.[36] Es ist immer dann, wenn Pilenz über seine Verhältnisse spricht, wenn er etwas vorträgt und es in einer Weise vorträgt, wie es entweder seinem so gezeichneten geistigen Horizont, Charakter und Wahrnehmungsvermögen nicht entspricht oder wie es überhaupt aus den geistigen Möglichkeiten eines Menschen heraus nicht bestritten sein könnte. An solchen Stellen ist es, als ob der authentische Erzählvorgang durch den fiktiven hindurchscheint.

5.3 Fiktiver und authentischer Erzähler

Ein Nebeneinander zweier Geistigkeiten zeigt sich zum Beispiel, wenn Pilenz, kurz bevor er vom Sprung der Katze auf Mahlkes Gurgel berichtet, sagt: „Das Krematorium zwischen den Vereinigten Friedhöfen und der Technischen Hochschule arbeitete bei Ostwind" (6). Dieser Satz ist höchstens als Ausdruck einer Geruchsempfindlichkeit Eigentum des Pilenz und schon in dieser Funktion nicht überzeugend, wenn man die sinnebetäubenden, lärmenden Zahnschmerzen bedenkt. Der Satz enthält fünf Ausdrücke, die signalisierend wirken, für einen mit den historischen Ereignissen der Zeit vertrauten Leser sogar schrille Signale sind, nämlich „Krematorium", „Vereinigte Friedhöfe", die Kombination „Vereinigte Friedhöfe und Technische Hochschule" und „Ostwind". Damit werden ganze Komplexe des zeitgeschichtlichen Hintergrunds kurz eingeblendet und zugleich entschieden in einer Sicht gedeutet, die über dem geistigen Niveau des Pilenz liegt und auch seiner sonst bekundeten, unausgegorenen und indifferenten Einstellung zur nationalsozialistischen Vergangenheit nicht entspricht. Da auch die genaue Lokalisierung für den aus erlebender Perspektive und nacherlebter Erregung schreibenden, von Zahnschmerzen gepeinigten Pilenz psychologich unwahrscheinlich ist, kann man hier die lenkende Hand des Autors sehen. Das Prinzip, nach dem die vier Ausdrücke gewählt, gekoppelt und angebracht sind, ist nicht fiktiv.

Auch in den Ansprachen Klohses und der beiden Ritterkreuzträger ist die Funktion des Pilenz auf die eines einflußlosen Sprachrohrs für den authentischen Erzähler beschränkt. Weder war der erlebende Gymnasiast Pilenz fähig, diesen Klischeewirrwarr als solchen zu erfassen – seinem Urteilsvermögen entspricht es eher, wenn er einen Vortrag recht witzig findet, weil die Studienräte darin „auf die Schippe" genommen werden (52) –, noch ist der sich erinnernde Pilenz an der Entlarvung und Bloßstellung der Redner und ihrer Ideologie interessiert genug, um so viel Zeit und Kraft darauf zu verwenden. In seinem Gedankenhaushalt sind diese Redekarikaturen fremd, so daß man sie als Einlagen des authentischen Erzählers werten muß. Was hier dem Pilenz in den Mund gelegt ist, enthält nichts von ihm.

Ein nicht ganz vollzogener Einbruch des authentischen in den fiktiven Erzählvorgang ist in der Nachricht über das Schicksal des Studienrats Brunies enthalten. Pilenz nennt die Umstände, die Brunies später ins Konzentrationslager Stutthof brachten, „eine dunkle verzweigte Geschichte, die an anderer Stelle, doch nicht von mir, und auf keinen Fall im Zusammenhang mit Mahlke, niedergeschrieben werden soll" (40). Diese Geschichte wird in *Hundejahre* ausführlich erzählt, und zwar von Harry Liebenau, dem Verfasser der „Liebesbriefe". Pilenz spricht hier also als einer, der in die poetischen Vorhaben und Pläne von Günter Grass eingeweiht ist, sozusagen als eines der zur Benutzung bereitstehenden und ihre Zeit abwartenden Erzählmedien in der geistigen Erzählwerkstatt des Autors, das seine eigene Aufgabe genau und die anderer ein wenig kennt. Man kann diese Stelle als eine Anspielung des Erzählmediums Pilenz darauf erklären, daß es für Grass notwendig geworden war, die Mahlke-Geschichte streng zu isolieren und aus dem Zusammenhang der *Hundejahre* zu lösen. Pilenz, der Sekretär im Kolpinghaus, kann davon nichts wissen.

Eingedenk dieser Doppelgestalt des Pilenz versteht man auch eine andere seltsame Äußerung von ihm. Als er davon erzählt, wie er allein zum Wrack hinausschwimmt, um dort Mahlke mit dem gestohlenen Ritterkreuz zu treffen, stellt er auch die Frage: „Warum Ich? Warum nicht Hotten Sonntag oder Schilling? Hätte ja die Tertianer zum Kahn schicken können oder Tulla mit Hotten Sonntag. Auch alle zusammen mit Tulla dazwischen, zumal die Tertianer, besonders einer, der wohl mit Tulla verwandt war –

denn alle nannten ihn Tullas Cousin – dem spirrigen Ding hinterdrein waren“ (80). Wenn der Cousin Tullas, Harry Liebenau, der nach der Novelle zu den „kindischen Tertianern“ gehört und in gar keiner Beziehung zu Mahlke steht, hier für Pilenz als Kontaktmann zu Mahlke beziehungsweise als Erzähler überhaupt in Frage kommt, dann als kongeniales Erzählmedium. Es ist möglich, daß Harry Liebenau, bevor Pilenz „existierte“, als Erzähler und Beteiligter der Mahlke-Geschichte vorgesehen war. Das „Warum Ich?“ bleibt unbeantwortet und muß unbeantwortet bleiben, weil es eine unsinnig gestellte Frage ist, gestellt aus dem Existenzverständnis des fiktiven Menschen Pilenz über die andere Existenzweise des abstrakten Erzählmediums Pilenz. Für den Menschen Pilenz ist die Frage leicht mit seiner besonderen Beziehung zu Mahlke und seinem Schuldgefühl beantwortet. Bemerkenswert ist auch der Zeitpunkt der Frage, nämlich „bevor der verbogene Rost des Kahnes faßbar wird“ mit dem Doppelsinn des Wortes „faßbar“, einmal im Kontext des zum Kahn schwimmenden Pilenz, zum anderen im Kontext des poetischen Gestaltungsvorgangs. Ein eindeutig fiktives Verhältnis zeigt Pilenz hingegen zu einer anderen Erzählerfigur aus der Dichtung von Grass, zu dem am Rand erscheinenden Oskar Matzerath, den er für dreijährig hält und dessen Merkwürdigkeit er nur dunkel spürt.

5.4 Erinnern und Erleben

Es bedarf keines großen Spürsinns, dahinterzukommen, daß Pilenz als Akteur sowohl der erzählten Vergangenheit – „Mit einem Schritt nahm ich die drei Klinkerstufen“ (95) – als auch der Erzählgegenwart – „Noch heute, wenn ich, was selten vorkommt, das Kolpinghaus verlasse“ (94) – auftritt. Diese beiden Rollen haben für die Erzählweise keine Bedeutung und können deshalb außer acht bleiben. Von grundlegender Wichtigkeit aber sind die des aus der Erinnerung erzählenden Erwachsenen und des aus dem Erleben sprechenden Jungen. Pilenz spielt sie manchmal gleichzeitig, ohne sie miteinander zu vermischen – „Während ich schwamm und während ich schreibe“; „Und zwischen zwei Stößen notiert“ (79); „dachte ich damals oder denke ich jetzt“ (66) – manchmal mit abrupter Ablösung der einen Rolle durch die andere – „Meine

Kopfhaut juckte, die Hände klebten, gleich Mahlkes Händen, vom prüfenden Drüberfahren – aber vielleicht bilde ich mir meine klebenden Hände nachträglich ein, und sie klebten gar nicht" (24) – manchmal mit schrittweisem Übergang von einer in die andere – „Es war Mahlke, der ... die sogenannten Puscheln in die Welt setzte". „Vielleicht war er auch ihr Erfinder" (39); „Natürlich hatte Mahlke sie erfunden" (40) – und manchmal beide als eine neue, in der die beiden alten sich überlagern und ineinander verfließen, wie in der offenen Mitteilung über die Ursache für den Sprung der Katze auf Mahlkes Gurgel, die emotionales Nacherleben der Situation und reflektiertes Erinnern derselben zu einer dritten Form der Vergegenwärtigung von Vergangenem verschmilzt. „So jung war die Katze, so beweglich Mahlkes Artikel – jedenfalls sprang sie Mahlke an die Gurgel; oder einer von uns griff die Katze und setzte sie Mahlke an den Hals; oder ich, mit wie ohne Zahnschmerz, packte die Katze, zeigte ihr Mahlkes Maus: und Joachim Mahlke schrie, trug aber nur unbedeutende Kratzer davon" (9).

Die Passagen des erlebenden Sprechers sind meistens in die zahlreicheren des erinnernden eingebettet und vielfältig in sie verhakt. Rein technisch spricht natürlich immer der erwachsene Pilenz, aber je nach Art und Intensität seiner Vergangenheitsbeschwörung befindet er sich – in seiner für die Erzählung maßgeblichen Vorstellung – in anderer Entfernung zu dem Erzählten und spricht dann auch von der jeweils anderen Bewußtseinsstufe aus. Es ergibt sich, daß die Bewußtseinsstufe der Erzählgegenwart meistens mitwirkt und so die weitaus bestimmende ist.

Selbst in den direkten Reden des jungen Pilenz, die man als unverfälschten Ausdruck der erlebten Situation nehmen möchte, zeigt sich der erzählerische Abstand in der Stilisierung des Ausdrucks. Sie scheinen nur, sind aber nicht naturalistische Rede, sondern eine Art Muster naturalistischer Rede, Sprache des „man", nicht des Individuums. Die meisten Zitate dieser Art sind pointierte, entlarvende Situationsverdichtungen. Zum Beispiel ist „Sag mal ehrlich, wenn Deine Schwester mit Mahlke ginge, ins Kino oder so, was würdest Du dann – sag mal ehrlich" (63) eine Variation der klassischen Probe aufs Exempel „Was würdest du tun, wenn deine Tochter einen ...?", an der die Grenzen der Toleranz offenbar werden. Vor allem Bemerkungen ohne Sprecheridentifikation „Der soll sich mal abstrampeln" (9) geben an, was unter den gegebenen Umständen hätte gesagt werden können, nicht, was tatsächlich gesagt wurde. Identifizierte Zitate wiederum sind meistens so stark auf den jeweiligen Sprecher zugeschnitten, daß sie mehr aus dessen erinnertem Charakter entwikkelt erscheinen als aus dem erinnerten Augenblick. – Daß es sich bei der direkten Rede in *Katz und Maus* nicht um die Wiedergabe von Fetzen wirklicher Rede handelt, sei schließlich noch daran bewiesen, daß die gleiche Bemerkung bei erneuter Evokation neu und anders formuliert wird. Mahlkes Bitte, mitschwimmen zu dürfen, lautet zuerst: „‚Nehmt mich doch mit. Ich schaff es bestimmt'" (9) und später: „‚Laßt mich mitschwimmen, ich kann jetzt schwimmen'" (55). Daneben sind die schiffahrtskundlichen Details, abgesehen von Ausschmückungen und Pointen, zwar nicht nacherlebt, aber unverändert vom erlebenden Jungen auf den erinnernden Mann überkommen. Sie bezeichnen allgemein bekannte Tatsachen und sind von dem unter wandelnden Bindungen sich ändernden Bewußtsein weniger abhängig als anderes. Auch wenn vieles Wissen und Überzeugungen bröckelig werden wie für Mahlke vor dem letzten Untertauchen, bleiben sie verfügbar und etwas, woran man sich halten kann.

5.5 Panoramaartige und szenische Darstellung

Ein besonderer Aspekt der beiden Rollen vom erinnernden und vom erlebenden Erzähler ist der Abstand zum Erzählten, und zwar weniger der geographische Abstand des in Westdeutschland lebenden Erzählers von Danzig, dem Schauplatz des Geschehens, als vielmehr seine geistige Distanz zu dem Erinnerten, das wie ein Film vor seinem inneren Auge abläuft. Je entfernter ein Betrachter steht, desto weiter ist sein Blickwinkel, desto größer ist das Bild, das er einfängt, und desto unschärfer sind die Einzelheiten darauf. Der Abstand des Erzählers errechnet sich aus der Beschaffenheit des erzählten Bildes. Von großem Abstand zwischen Erzähler und Erzähltem, von einem distanzierten Erzähler also, kann man sprechen, wenn das Bild vielumfassend, panoramaartig und summarisch ist. Dies ist z. B. der Fall, wenn Pilenz den Zeitraum zwischen seiner Begegnung mit Mahlke in der Schloßparkallee (100f.) und der mit Mahlkes Tante „Ecke Bärenweg Osterzeile“ (103) beschreibt: „Bis zum Sommer hausten wir in der Strandbatterie, spielten endlose Handballturniere ... “ (102). In einer Art Brückenschlag von einer ausführlicher Erzählung werten Sache zur anderen wird hier sachlich und allgemein über viele Ereignisse zusammenfassend berichtet. Bewertet wird dabei aus der Überschau; „endlose“ bezieht sich auf die zu einem allgemeinen Ereignis abstrahierten vielen besonderen Ereignisse. Geringer Abstand des Erzählers enthüllt sich in der szenischen Darbietung des Geschehens. Hier sind dann Einzelheiten nach Art eines Augenzeugenberichts oder einer Reportage wie gerade entdeckt aneinandergereiht. Die emotionale Beteiligung des Erzählers ist spürbar, und die Ereignisse werden aus dem jeweiligen Erlebnismoment heraus bewertet. Dafür ist das Katz-und-Maus-Ereignis des Anfangs das beste Beispiel: Der erinnernde, erwachsene Pilenz ist so im erlebenden, jungen versunken, daß er am Schluß sein kritisches Denken gleichsam mit solcher Gewalt gegen die übermächtige Illusion durchsetzen muß, daß er über das Ziel hinausschießt und bei einer totalen Desillusionierung und Aufhebung der Fiktion anlangt. Er muß danach von Grund auf neu anfangen: „Der uns erfand, von berufswegen“ (7).

Die beiden aus der Distanz des Erzählers vom Erzählgegenstand hergeleiteten Darstellungsweisen, die panoramaartige und die szenische, sind extreme Formen des Erzählens, Grundformen, die selten rein vorkommen. Vielmehr ist die besondere Art ihrer Mischung wesentlich für den geistigen Charakter eines Werkes. Mit ihnen stehen zwei Grundeinstellungen gegenüber der Wirklichkeit in wechselndem Spannungsverhältnis: Abstraktion und Einbildung; nüchterne Objektivität und emotionale Subjektivität; Zusammenschau und Umschau; ordnendes Sinngeben und unmittelbares Erleben. Traditionelle Formen des Erzählens wie Beschreibung, Schilderung, Reportage, Fremdeinschübe, Dialoge, Monologe und Kommentare sind durch den unterschiedlichen Anteil dieser beiden Grundformen des Erzählens charakterisiert.

Die panoramaartige Darstellung bietet ein Geschehen abgeschlossen, räumlich und zeitlich eingegrenzt und in klaren, gesicherten logischen Zusammenhängen, die unanfechtbar sind, weil keine anderen als die stimmenden Tatsachen bekannt sind. Deshalb kann diese Darstellungsform keine Entdeckerlust beim Leser wecken und ihn kaum über die bloße Rezeption hinaus zur

Mitarbeit stimulieren. Höchstens einen Ordnungssinn, der die gesamte Handlung des Werkes entlang einer fortlaufenden, ununterbrochenen Linie angesiedelt zu sehen wünscht, kann sie befriedigen, wenn sie die Brücke zwischen punktuellen Ereignissen schlägt. Die szenische Darstellung dagegen, die aus dem Zentrum des erzählten Vorgangs kommt und den Leser auch dorthinein versetzt, läßt logische Zusammenhänge, Ursachen, Auswirkungen und weiterreichende Folgen absichtlich und wesensgemäß unklar und präsentiert sie nur unvollständig. Damit reizt und zwingt sie den Leser zu eigener klärender und ergänzender Beteiligung. Die distanzmindernde Kraft der szenischen Darstellung gibt der grammatischen Form des Präteritums, die normalerweise für einen vergangenen Vorgang steht und auch so in der panoramaartigen Darstellung Verwendung findet, Gegenwartsbedeutung, wie die Gegenüberstellung der beiden folgenden Stellen zeigen kann: „Später diente ich nicht mehr regelmäßig in der Marienkapelle" (47); „Da kroch ihr Flüstern in mein Ohr" (103). Bei noch größerer Unmittelbarkeit bezeichnet das Präsens die wie jetzt erlebten vergangenen Ereignisse: „Du kniest, ich stehe hinter trockener Haut. Dein Schweiß erweitert Poren" (126).

Im ganzen überwiegt in *Katz und Maus* die szenische Darstellungsweise gegenüber der panoramaartigen, wenn sie auch selten in reiner Form und in größeren, undurchbrochenen Abschnitten vorkommt. Inwiefern trägt das zur Aussage des Werkes bei? Es gibt Kunde davon, daß die fiktive regelnde Intelligenz, die Intelligenz des Pilenz also, mehr im Evozieren des sinnlich Erlebten als im Reflektieren und Klären des Erinnerten funktioniert.[37] Pilenz ist eher geneigt, das Vergangene noch einmal zu erleben, als sich deutend damit auseinanderzusetzen. Seine Weise der Vergangenheitsbewältigung – denn um etwas Derartiges handelt es sich beim Erzählen der Geschichte von Mahlke: „‚War es nun meine Schuld, wenn Mahlke später' ... Aber ich schreibe, denn das muß weg" (84) – überläßt dem Unterbewußtsein, der Emotion und der Einbildungskraft die Führung, nicht dem Bewußtsein und dem kategorisierend reflektierenden Intellekt. Pilenz entwickelt seine Gedanken nicht konstruktiv, er setzt keine Urteile und zwängt seine Ansichten nicht in Formeln, die auf dauernde Gültigkeit Anspruch erheben und weitere Betrachtung erübrigen. Vielmehr meidet er solche Formeln, tilgt sie, wenn sie bereits vorhanden sind oder sich einschleichen wollen, und läßt jedem Einfall zu dem Betrachteten, etwa seinem Verhältnis zu Mahlke, freien Lauf. Dadurch sieht alles immer wieder anders aus, die Revision alter Ansichten wird notwendig, neue Fragen stellen sich, und alte erscheinen modifiziert. Sein Bemühen um Verständnis des Gewesenen kommt so nie zu Ziel und Ruhe. Das Erzählen davon, die Geschichte, kann nur zu Ende gehen, wenn er, ermüdet, sich dem Sog des ein für alle mal kennzeichnenden Namens oder Urteilswortes nicht mehr entgegenstemmt. Um noch einmal das Ritterkreuz einzubeziehen, kann man es paradox so ausdrücken: Wenn Pilenz das Wort „Ritterkreuz" wie selbstverständlich und ohne Bedenken sagen kann, ist er nicht mehr fähig, etwas darüber zu sagen. Die Sache wird nur noch mit ihrem Namen benannt, ist Worthülse geworden.

Es gibt eine Stelle in *Katz und Maus,* die wie eine Verbildlichung dieser Denkweise des Pilenz wirkt. Im Arbeitsdienstlager hat Mahlke „wortwörtlich seinen Namen hinterlassen". In der Latrine findet Pilenz „das zweisilbige Wort, ohne Vornamen auf dem blanken Balken gegenüber, in ein Kieferbrett ... gekerbt – und darunter ... der Anfang seiner Lieblingssequenz: Stabat Mater dolorosa" (108). Was Mahlke sich bei dieser Inschrift gedacht hat, läßt sich nur aus verstreuten Mitteilungen über seinen Aufenthalt in Tuchel-Nord zusammenreimen. Sie ist wohl die hinterlassene Spur seiner Anstrengung, des während der ungerechten Abordnung zum Latrinenreinigen in ihm anschwellenden Rachedursts mit Hilfe der Jungfrau Herr zu werden, einer offenbar vergeblichen Anstrengung, denn gleich danach fängt er das Verhältnis mit der Oberfeldmeistersfrau an. Pilenz hackt die Inschrift mit einem Beil aus dem Brett „und tilgte auch Deinen Namen". – Aber merkwürdigerweise spricht „die blinde und frisch fasrige Stelle deutlicher als zuvor die gekerbte Schrift gesprochen hatte." Mahlkes Zeugnis scheint sich „mit den Spänen vervielfältigt" zu haben, denn überall kursieren Geschichten von ihm, „immer dieselben Litaneien mit abweichenden Geringfügigkeiten" (110). Das Aushacken der Inschrift zerstört die Möglichkeit zu summarischer Sinngebung und zum Glauben. Pilenz möchte endlich „von nächtelangen Gesprächen mit Pater Alban", von „mürrischem Gewissen", von pausenlosem Infragestellen entbunden sein; er möchte „glauben, irgend etwas glauben, ganzgleichwas" (109), aber er kann es jetzt nicht mehr. Diese Sehnsucht nach Ruhe, die schließlich einen Glauben an „ganzgleichwas" zum Ziel aller Wünsche macht, ist die besondere Gefahr der immer nur Namen tilgenden Denkweise. Weil Pilenz nicht glauben kann, muß er rastlos weitersuchen; aus dieser Geisteslage erzählt er, und auf sie lassen sich viele Eigentümlichkeiten der Erzählweise von *Katz und Maus* zurückführen, z. B.: die Selbstkorrektur – „Falsch! Mir wäre das Ding bestimmt nicht entgangen" (17); Lüge, lag nicht genau wie, es gibt kein genau wie" (46); „nur Schilling, nein ich" (77) –; die Fiktionsentlarvung – „sagte der Cousin zu mir – oder hätte er sagen können" (87); „und einmal kam eine Bahn – oder hätte eine Bahn kommen können" (124) –, die Nimbuszerstörung durch umgangssprachliche Ausdrücke – „die Anbeterei" (20); „schluckte er beim Beten in Zeitlupe" (31) –, die Unsicherheitsbekenntnisse – „es mag sein" (35); „angeblich gelang es ihm" (59); „womöglich drahtiges" (64); „vielleicht bilde ich mir ein" (24); „behelfsmäßig wurden wir uns einig" (36) –, Verfremdung durch ungebräuchliche Sprachkombinationen – „anfangs und belustigt" (75); „dünnbeinige Schritte"; „und als der Korridor Amen sagte" (114); „plastisch segnender Gips" (17).

5.6
Der Bildungsstand des Erzählers

Für eine weitere Auffächerung des Erzählers ist hier nicht der Ort. Nur auf seine Rolle als Bildungsträger sei noch hingewiesen, weil sie zum Hauptthema von *Katz und Maus* beiträgt. Pilenz ist intelligent und ziemlich aufgeschlossen, aber er ist trotz beinahe regelrechten Friedensabiturs (102) ein Halbgebildeter. Beschreibungen wie „ein Mittelding zwischen Denkerstirn und Grüblerstirn, daher keine Querfalten aber zwei steile von der Nasenwurzel aufstrebende, immerzu Gott suchende Linien"; „ein weichgeschwungener Sprechmund" (66) sind Bruchstücke seiner autodidaktischen Gelehrsamkeit: Sie fußen auf der Kenntnis eines der damals populären physiognomischen Werke und erklären, daß und warum Pilenz Körpermerkmalen wie einem großen Adamsapfel charakterenthüllende Bedeutung beimißt. Ausdrücke wie „ernste Musik"; „ein Stück Symphonie ..., das uns aus Wunschkonzerten geläufig war" (62) klingen eher nach Volksschulbildung. Vielen seiner ironischen Äußerungen fehlt es an Geist und

Leichtigkeit. Sie wirken überanstrengt – „die Symmetrie als Credo verkündete“ (82) –, sind von kindlicher Spitzfindigkeit – „der Fahrwind bewies die Länge ihrer Haare“ (77) –, plump durch allzu krasse Wortwahl – „Und beten konnte er! Sein Kalbsblick“ (48) – oder so abgebraucht, daß sie nicht mehr verwendbar sind – „kann von dem Zauber nicht lassen“ (80) –. Überhaupt neigt die Ironie des Pilenz zum aufmuckenden Witzeln des kleingeistigen Ironikers. Mit manchen seiner Wertvorstellungen ist er auch noch in Zeit und Umwelt seiner Jugend befangen: „Und das Ding – deutsches Fabrikat übrigens“ (10) verrät „Made-in-Germany-Stolz“, mit „Mahlke machte es sich nicht leicht“ (13), „das Mahlke in mühsamer Kleinarbeit aus dem Kahn hochgeholt hatte“ (22) bewundert er Mühsamkeit als eine Tugend. Fast rührend komisch sind sowohl manche seiner wichtigtuerischen Bemerkungen, die wohl ernstgemeint, aber schwerlich ernstzunehmen sind – „denn ich weiß Bescheid“ (47), „mir lag an ihr“ (87) – als auch seine weisen Sätze – „denn die Meßdiener sind die Allerschlimmsten“ (47), „insgesamt war er ein Priester wie hundert andere“ (90). Vor allem aber ist es seine Logik, wie sie sich an dem Gebrauch der Konjunktionen ablesen läßt, die den ungeschulten Denker Pilenz bloßstellt.[38]

Mit der großen Anstrengung des Pilenz, sich zu ungetrübtem und selbständigem Denken vorzukämpfen, ist das Thema von den Vorteilen angeschnitten, die der denkgeübte Gebildete über den weniger Gebildeten hat. So ironisch der Erzähler Pilenz ist, so komisch ist er auch oft gerade mit seiner Ironie, die eine geistige Überlegenheit vorspiegelt, die er tatsächlich nicht besitzt.

5.7 Das Möwenmotiv: zur Komik des Erzählers

Die Möwen sind ein eindringliches Motiv in *Katz und Maus*. Sie sind in den Inhalt des Werkes verzahnt, und ihr Fehlen würde ihn sehr verändern. Als Teile des konkreten Handlungshintergrunds sind sie unentbehrlich. Sie sind am Strand fast immer dabei, und sind sie nicht dabei, so ist ihre Abwesenheit von Bedeutung. Sie sind sogar in die Handlung verflochten, indem sie sich nach ihrer Weise zu den Vorgängen auf dem Wrack verhalten, mit Geschrei und Flugbewegungen reagieren und als Futter verwerten, was immer abfällt. Zusammen mit anderen Motiven und Requisiten – Schiffe, Fische, Dünung, Strand, Wetter, Wasser, Wolken, Wind – repräsentieren sie einmal das immer gleiche fortdauernde Leben, in dem sich das historisch einmalige Novellengeschehen abspielt, zum anderen bilden sie die sinnlich wahrnehmbare Atmosphäre dieser herben Ostseegeschichte mit.

Über die erzähltechnische Funktion des Möwenmotivs macht Pilenz eine eindeutige Aussage. Sie fungieren „als griechischer Chor" (84). Demnach müßten sie als einheitliche Gruppe von Gleichartigen das individuelle Geschehen auf seinen allgemeinen Sinn hin kommentieren und deuten. Die Möwen aber ernsthaft mit dieser Aufgabe zu betrauen, hieße den Bock zum Gärtner machen; denn was sie in der Novelle vorführen, ist immer nur eins: eine unersättliche, wahllose und irre Freßgier; die Umwelt ist ihnen nichts als ein Futterjagdgrund. Das macht sie zu einem sehr komischen griechischen Chor, oder aber die Welt, zu der nur noch dieser Kommentar und für die nur noch diese Deutung möglich sind, ist eine sehr komische Welt.

Den Überlegungen zur Komik der Möwen als griechischer Chor liegt folgende Definition des Komischen zugrunde: Das Komische ist abhängig von seinem Betrachter. Der komische Effekt kommt zustande, wenn ein Betrachter in einer von der Norm abweichenden Sache ein Mißverhältnis zwischen ihrem Anspruch und ihrer Wirklichkeit (zwischen ihrem Schein und ihrem Sein) beobachtet und wenn er das Beobachtete lächerlich findet. Das Komische wird also durch die Wahrnehmung eines ihm innewohnenden Mißverhältnisses gewissermaßen erst zum Leben erweckt, und zwar sind es im wesentlichen zwei Voraussetzungen im Betrachter, die den komischen Effekt kreieren: Erstens setzt seine Wirklichkeitsauffassung den Maßstab für die dem Komischen eigentümliche Abweichung von der Norm und für das Mißverhältnis zwischen Anspruch und Wirklichkeit. Dinge, die in ihrer Umgebung regelgerecht sind, wirken in einer ihnen fremden Umgebung komisch, z.B. Schillers Pathos in der Sprechweise von heute. Zweitens ist der komische Effekt bestimmt von der Geneigtheit des Betrachters, über Komisches zu lachen oder wenigstens intellektuelles Vergnügen zu empfinden.

Läßt man die Bemerkung des Pilenz, daß die Möwen als griechischer Chor fungieren, beiseite, dann sind diese nicht komisch.

Tiere sind nie komisch, schon gar nicht in ihrem natürlichen artgemäßen Verhalten, und nur darin zeigt sie die Novelle. Der komische Effekt, den Tiere machen können, ist abhängig von dem Betrachter, der Mißverhältnisse nach menschlichen Kategorien in sie projiziert, die mit ihrem wirklichen Sein nichts zu tun haben. Wenn Pilenz die Möwen für verrückt und übergeschnappt hält, weil sie in immer gleicher aufgeregter Gier um Futterquellen schwirren, und sich darüber lustig macht, daß sie nicht merken, was für, seinem Geschmack nach, scheußliches Zeug sie fressen, dann ist er es, der einen ungemäßen Anspruch erhebt, und durch seinen überlegen ironischen Ton steigert er die komische Wirkung noch.

An der Art, wie Pilenz die Möwen beschreibt, ist zu erkennen, was sie für ihn bedeuten. Sie fliegen „bei jedem Wetter fett glatt, mit seitlichen Glasperlenaugen manchmal knapp und fast zum Greifen … dann wieder hoch wirr und nach einem Plan, der nicht zu entziffern" war (8). Sie kreiseln, fressen Ungenießbares und merken nie etwas. Sie schnüren „ihren Kreis immer enger", werfen „sich seitlich weg" und kommen wieder (57). „Immer schon übergeschnappt wegen nichts und nochmals nichts" spielen sie zu den Tönen der Zarah Leander nun „vollkommen verrückt". Sie haben ein „glasschneidendes Schrillen, das aus den Seelen verstorbener Tenöre" zu „drängen" scheint (63). Sie entwerfen „Schnittmuster … zwischen Kahn und Himmel", und „ohne lesbaren Grund" drehen sie plötzlich ab und irritieren als „fehlende Möwen", „Stille tritt ein, wenn die Möwen abdrehen" (138); „aber was können Möwen schon beweisen" (139).

Pilenz wird mit der Anwesenheit der Möwen nicht richtig fertig, anders gesagt, an dem aus künstlerischen Gründen vom Autor eingesetzten Möwenmotiv erfährt der fiktive Mensch Pilenz seine Grenzen, die ihm dadurch gesetzt sind, daß er tatsächlich auch nur ein aus künstlerischen Gründen vom Autor eingesetzter Teil der Dichtung ist. Die Möwen sind ihm vom authentischen Erzähler mit einer poetischen Funktion beigegeben, die Pilenz als Beteiligter des fiktiven Geschehens nicht begreifen kann. Für ihn sind sie physisch anwesend, einen höheren geistigen Rang in seiner Geschichte kann er ihnen höchstens dadurch geben, daß er sie zu Symbolen macht; er erlebt sie als Symbole aufgeregter Dummheit und von keiner Vernunft kontrollierter Gier. Damit macht er nolens volens ein Thema des Werkes symbolisch anschaulich.

Mit dieser symbolischen Bedeutung sind die Möwen aber immer noch kein „griechischer Chor“, auch wenn der Terminus ironisch gebraucht ist, trifft er daneben. Im Zusammenhang des Textes gewinnt die Bemerkung einen anderen Sinn. Sie hat nicht so sehr die Kennzeichnung der Möwen zum Ziel.

> Aber ich schreibe, denn das muß weg. Zwar ist es angenehm, Artistik auf weißem Papier zu betreiben – aber was helfen mir weiße Wolken, Lüftchen, exakt einlaufende Schnellboote und ein als griechischer Chor funktionierender Möwenpulk; was nützt alle Zauberei mit der Grammatik; und schriebe ich alles klein und ohne Interpunktion, ich müßte dennoch sagen: Mahlke verstaute das Ding nicht in der ehemaligen Funkerkabine ... (84).

Der fiktive Erzähler entgleitet hier dem Regiment des authentischen, als gewönne er selbständige Existenz, und wehrt sich gegen ihn, den unseriösen Papierartisten. Pilenz schreibt keine Novelle, sondern er legt ein schriftliches Bekenntnis ab, und dies ist lebenswichtig für ihn. Unter dem seelischen Druck, der ihn zum Erzählen zwingt, erscheint ihm eine Komposition nach Motivplänen und Sprachtricks beleidigend trivial. Das komische Mißverhältnis, das in dieser kleinen Protestkundgebung liegt, ist versteckt, aber nicht spitzfindig; denn es ist sehr komisch, wenn das poetische Geschöpf gegen seinen Schöpfer aufbegehrt und dessen Erzähltechnik, in der es nur ein Faktor ist, als irrelevant abtut. Die Wahl des Pilenz zum Erzähler und die Wahl der Möwen sind von gleichem Rang. Man kann die geistreiche Konstruktion genießen und sich über die Wichtigtuerei des poetischen Geschöpfes Pilenz amüsieren, die auch vor seinem Schöpfer nicht Halt macht und sogar zu seiner Vernichtung ansetzt, indem sie ihn seine Produktionsgeheimnisse ausplaudern läßt. Es wird wieder einmal deutlich, wie sehr Wachsamkeit gegenüber den Aussagen dieses Erzählers geboten ist. Und das gilt auch, wenn man diese Stelle einfacher liest, als eine Selbstkritik des Pilenz an der „Artistik auf weißem Papier“, die er im vorangegangenen Abschnitt mit „Während ich schwamm und während ich schreibe“ (79) und anderen Erzähltricks betrieben hat.

Der Erzähler Pilenz nimmt die Funktion eines Knotenpunktes ein, in dem viele komische Züge der Novelle zusammenlaufen. Pilenz ist der selbst komische, mit einem die Wirklichkeit nach dem komischen Mißverhältnis strukturierenden Wahrnehmungsapparat ausgestattete Betrachter par excellence. Seine Feder verwandelt fast alles ins Komische. Diese Aussage über ihn korrespondiert mit seiner Kennzeichnung als eines kritischen Geistes, der selbst kritikwürdig ist. In dem Hin und Her zwischen freiwilliger und unfreiwilliger Komik des Erzählers, zwischen den komischen Situationen, die er aufzeigt, und den oft dahinterstehenden komischen Anmaßungen in seinem geistigen Verhalten vollzieht sich das Katz-und-Maus-Spiel dieser Ebene.

6 Sprache und Stil

Günter Grass ist ein anerkannter Meister der deutschen Sprache. Wie kaum ein anderer versteht er es, sie seiner künstlerischen Absicht in glaubwürdiger Weise dienstbar zu machen. Dabei halten sich die Fähigkeit, im lutherischen Sinn „dem Volk auf's Maul zu schauen", und die Absicht künstlerischer Verfremdung die Waage. Es ist ein Geniestreich, durch den die vielfältig von der Norm abweichende Sprache in der *Danziger Trilogie* so natürlich wirkt.

In der *Danziger Trilogie* erscheint objektive Wirklichkeit verfremdet als sich ständig wandelnde Bewußtseinswirklichkeit fiktiver Erzähler (s. Kap. 5.3 dieser Arbeit). Aus ihr erklären sich die Auswahl des Dargestellten und der Dinge, die als Requisiten, Bausteine und Handlungsanstöße die Welt des Geschehens ausmachen, Syntax und Satzlogik, Wortwahl, der Wechsel zwischen ernstem und ironischem Sprechen sowie der Grad der allgemeinen Tendenz zu Kaltschnäuzigkeit, Ambivalenz und Parodie. Gemäß der nüchternen Wesensart des Erzählers Pilenz ist die Sprache in *Katz und Maus* viel regelrechter als diejenige in *Die Blechtrommel* und *Hundejahre*. Nur wenn er die Distanz zum erzählten Geschehen verliert und in das Bewußtsein des Erlebenden zurückgleitet, wandelt sich die Sprache der geordneten Überschau zum tumultuarischen Stenogramm der unmittelbaren Wahrnehmung. Auch aus der Sparsamkeit der Mittel, die der Novellenform eigen ist, läßt sich erklären, daß die charakteristischen Züge der Sprache in der *Danziger Trilogie* in *Katz und Maus* weniger ins Auge springen. Sie sind aber da und konsequent gebraucht. Im folgenden sollen vier hervorstechende Züge der Sprache in *Katz und Maus* beleuchtet werden: der Gebrauch von Sprachschichten und Sprechweisen zur Kennzeichnung der Art und des Grades, wie die Sprecher das Leben geistig bewältigen; Zitate als Signale dafür, wie und zu was das Bildungsgut heruntergekommen ist; Stilmittel zur Verfremdung zwecks Entmythisierung und Subjektivierung der Dinge.

6.1
Sprachschichten und Sprechweisen

Neben der Sprechweise des erzählenden Pilenz enthält die Novelle Sprechweisen anderer Personen, die Pilenz direkt übermittelt. Mahlkes Tante und Volksschüler, die Mahlke um ein Autogramm bitten, sprechen Dialekt, „breitestes Bocksch" (128). Der Gebrauch des Dialekts dient jedoch nicht der naturalistischen Darstellung einer sozialen Gruppe – Tulla Pokriefke z. B., in deren Familie nur Dialekt gesprochen wird, spricht Umgangssprachen –, sondern dazu, in kleinen Grotesken den Abgrund aufzudecken, der zwischen dem Weltgeschehen und dem Verständnis einfacher, naiver Menschen davon gähnt. Das geschieht via Anverwandlung von kriegstechnischen Ausdrücken an den Dialekt, so wenn ein Junge fragt, ob Mahlke jetzt „inne inwasjon" „hinvälecht" (129) werde, oder durch die dummschlaue Logik der Tante Susi, z. B. wenn sie sich freut, daß Mahlke bei den Panzern ist, denn da „wird ä wohl nu jeschitzter sain als bai de Infantrie, och bai Rejenwätta" (103).

Bei Tulla gibt es keine Diskrepanz zwischen Sprache und Inhalt. Ihr Interesse ist unverbrämt nur auf sachliche Zusammenhänge ihrer unmittelbaren Umgebung gerichtet, die sie auch nur als solche erfährt und versteht. Das Zeitgeschehen tangiert sie nicht. Sie spricht hochdeutsche Umgangssprache, knapp und zielsicher: „... kannst das nicht? Willste nich? Darfste nich?" (33)

Die Schüler des Conradinums einschließlich Pilenz, wenn er als solcher spricht, befleißigen sich eines zeit-, milieu- und altersgebundenen Schülerjargons. Auch sein Gebrauch ist nicht naturalistisch, sondern der künstlerischen Absicht untergeordnet. Die Jungen sprechen nicht in einmaligen, besonderen Situationen, sondern sie sagen, was sie in Situationen von der gleichen Art wie diejenige, in der sie sich gerade befinden, sagen würden. Deshalb bleiben die Sprecher auch meistens anonym. „Der soll sich mal abstrampeln" (9), wird gesagt, als Mahlke mitschwimmen möchte, und damit ist die interesselose Gönnerhaftigkeit von Dazugehörigen gegenüber einem, der es werden will, aufs Tapet gebracht. „‚Mensch, hol Dir bloß nischt'" (10) signalisiert die Aufnahme in die Gruppe. Die natürliche Spracharmut Jugendlicher diesen Alters dient dazu, das Dingsymbol der Novelle, das Ritterkreuz überall in die Erzählung einzuweben, indem das Wort „Ding", das vorzüglich für das Ritterkreuz gebraucht wird, das Allerweltswort der Jungen ist. Das anonyme Schülergespräch über Mahlke (27f.) gibt seine so weit erzählte Geschichte in nuce. Nautische Fachausdrücke, die sie sich wie Losungsworte zuspielen, verbinden die Schüler zu einer Schicksalsgemeinschaft, in deren Mitte das Schiffswrack mit seinem Besitzer, dem Schwimmer und Taucher Joachim Mahlke, steht. Lateinische Fragmente der katholischen Liturgie binden die beiden Außenseiter Pilenz und Mahlke noch einmal mehr aneinander.

Reines, beinahe gewähltes Hochdeutsch spricht Joachim Mahlke, besonders, wenn er väterlich belehrend auftritt: „‚Wer will in diesen Zeiten, da alles mehr oder weniger aus den Fugen gerät, den Richter spielen ... Wenn Papa noch lebte, wäre es ihm peinlich und Du dürftest nicht so sprechen.'" (97) Übereinstimmungen in dieser Sprechweise, so wie u.a. auch Ähnlichkeit in Klang und Bedeutung der Namen (s. Anm. 36 dieser Arbeit), evozieren eine Identität der beiden. Mahlkes Handeln und Denken, so wie es sich in seiner Sprechweise äußert, verraten einen klaren Kopf, Toleranz und ein unabhängiges, vernünftiges Urteil. Da Mahlke auch menschliches Verständnis über seine Jahre hat und fleißig und mutig ist, hätte er das Zeug zum Erlöser, und zwar als Aufklärer in der stickigen Geistigkeit der Zeit, wenn es nicht von Arroganz und Herrschsucht überlagert wäre. Das zeigt sich in der Sprechweise, die er annimmt, nachdem er die Funkerkabine gefunden hat: „‚Gehört mir nun, die Bude, damit Ihr Bescheid wißt.'" (58)

Signalisieren der Dialekt, daß seine Sprecher ungebrochen und naiv und damit harmlos und schuldlos sind, die Umgangssprache, daß ihre Sprecher im Nächstliegenden befangen und mangels Distanz zu aufklärender Reflexion und aufgeklärtem Urteil kaum geeignet sind, und die gewählte Hochsprache, daß beides recht gut entwickelt ist, so brandmarkt die Sprechweise von Oberstudienrat Klohse diesen als den Verräter der Aufklärung. Er lehrt nicht im Geiste Lessings, dessen Büste im Säulengang des Conradinums vor der Aula steht, sondern im Sinne Hitlers, dessen Bild in der Aula hängt. Seine Reden sind eine einzige Glut von schulmeisterlichen Redensarten und nationalsozialistischen Phrasen, die zu fraglosem Gehorsam und widerspruchsloser Gefolgschaft erziehen sollen

(53, 66). Auch Klohses sowie der anderen Studienräte Redeweise ist nicht naturalistisch, sondern Wesensmerkmal.

6.2
Zitate

Die Fülle von Zitaten und Anspielungen in der *Danziger Trilogie* bewirkt, daß man beim Lesen immer wieder das Gefühl hat, etwas Bekanntem zu begegnen. Sie erklärt sich aus zwei Erzählintentionen: Einmal wollte sich Günter Grass von dem umfangreichen Lesestoff, den er während der „Lesewelle" nach Kriegsende in sich hineingeschlungen hatte, freischreiben, zum anderen wollte er mit deutschem Bildungsgut, besonders dem Idealismus und der Romantik, abrechnen, weil es den Nationalsozialismus nicht nur nicht verhindern konnte, sondern ihn seiner Meinung nach gerade gefördert und möglich gemacht hatte. In *Katz und Maus* wird viel weniger zitiert als in den beiden Romanen der *Danziger Trilogie.* Während die beiden Romane das Vor und Danach des Zweiten Weltkriegs, der das Erzählzentrum bildet, ausführlich darstellen, beginnt und endet *Katz und Maus,* wenn man von der schmalen Rahmenerzählung absieht, mit diesem Ereignis, auf das alles Vorangegangene zusteuert und von dem alles Folgende wegsteuert. Das „Wie konnte es geschehen?" visiert hier nur die sogenannte „Flakhelfer-Generation" und ihr verwaistes Miteinander während des Krieges an. Hier spielt humanistisches Bildungsgut kaum mehr eine Rolle, denn diese Jungen haben es nicht verarbeitet, nur oberflächlich und dem Namen nach wird es noch mitgeführt. Während Goethes *Wahlverwandschaften* Oskar Matzeraths Leben noch „festlegen und beeinflussen" (Bl 72) und Oskar immerhin so viel von Goethe weiß, daß er den Verdacht hat, „der Goethe hätte, hättest du, Oskar, zu seiner Zeit getrommelt, in dir nur Unnatur erkannt, dich als die leibhaftige Unnatur verurteilt" (Bl 72), ist in *Katz und Maus* Goethe mit *Hermann und Dorothea* in einer gemischten Aufzählung zitiert: „Pfefferminzdropszuteilungen, Belehrungen über Geschlechtskrankheiten, vormittags Hermann und Dorothea, nachmittags das Gewehr 98 K", und weiter unten noch einmal „Drops, Hermann und Dorothea, Grüßen im Vorbeigehen." (102) Bildungsgut ist zitiert in Form von oft zusammengeschriebenen und damit zu sinnlosen Klangfolgen geschrumpften

Phrasen im Munde der Lehrer. In den parodistischen Naturbildern der Ritterkreuzträger sind Eichendorff und Löns zitiert. Von Mahlke heißt es „er las ja viel" (23). Tsushima und Dwinger (59) sind genannt, später Kierkegaard und Dostojewski (123).

Bibelzitate, besonders die Designation Mahlkes als Erlöser und seine Beziehung zu Maria veranlassen immer wieder Interpreten, Mahlke in einem verallgemeinernden, religiösen Bezugsrahmen zu deuten. Nach Ansicht dieser Arbeit fungiert aber auch das Religiöse in *Katz und Maus* nur als Zitat des flachen kleinbürgerlichen Bildungsgutes. Z.B. ist mit der „Erlösermiene" (83) und dem „ernsten Mittelscheitel" (22) kaum Christus, wahrscheinlich aber der das Bild Christi in der Phantasie des Kleinbürgers prägende Christus von Thorwaldsen zitiert.

Weiter ist der Wehrmachtsbericht in stufenweiser Verderbnis eingeblendet, direkt „als die russischen Armeen schon gegen Elbing vorstießen" (88), indirekt in der Wiedergabe des von Sondermeldungen gelangweilten Hörers „Die Krim hatten sie, und Rommel war in Nordafrika wieder mal im Kommen" (79), und schließlich verballhornt aus Kindermund. Ausdrücke aus der Fachsprache des Kriegshandwerks färben das Alltägliche ins Kriegerische ein, so z.B. die bei Panzerkanonen und für das Sehrohr von U-Booten gebrauchten Verben „einfahren" und „ausfahren": „der als Rückenflosse ausgefahren blieb"; „die Zunge ausfahren ließ" (48); „das ausgefahrene Sehrohr eines getauchten Bootes" (55); „Verladevorrichtung, konnte man ausfahren lassen" (10); „da ließ der Große Malke seine linke Hand ausfahren" (122) u.a. Aber die Einfärbung der Aussage ins Kriegerische durch soldatische Fachausdrücke gehört schon weniger in den Bereich des Zitierens als in den des Verfremdens durch stilistische Mittel.

6.3 Stilmittel der Verfremdung

Entfremdung zwecks Entmythisierung ist der das Spiel mit der Sprache in *Katz und Maus* bestimmende Sprachgestus. Ein Mittel, Vertrautes zu verfremden, ist seine Bezeichnung mit ungewohnten Namen. Die Benennung von Kunstfiguren nach ihrem Material, wie „Gips" für die Heiligenfiguren in der Kirche (71) oder „Eisen" für das Ritterkreuz (130), reduzieren diese bedeutungsreichen Dinge auf den Wert ihres billigen Materials. Alltagsweisheiten werden lächerlich durch den Kontext, in dem sie gebraucht sind, z. B., wenn Pilenz die sinnlosen Leistungen Mahlkes mit den auf Handwerkertugend anspielenden Bemerkungen: „Mahlke machte es sich nicht leicht" (13) oder „in mühsamer Kleinarbeit" (22) lobt, oder wenn Mahlke sich fatalistisch abgeklärt zu den Kriegsleiden äußert: „Aber es muß wohl so sein ..." (131) – Die Kombination von traditionell nicht miteinander gebrauchten Ausdrücken rückt das Gesagte in ein kritisches Licht, z. B. beim Austausch von Wortfamilien des Kirchlichen mit solchen des Sportlichen, auch des Kriegerischen und des Sexuellen: „zwischen Raubtiernummer und Trapezattraktion plazierte Anbetung der Jungfrau Maria" (20); „den messdienerroten Turnhosen" (71); „dem Boot, das gleich einer festlich geschmückten Braut ... der totbringenden Hochzeit entgegenzieht" (67); „bestimmte Mädchen und Lehrerinnen der Gudrun-Oberschule mittschiffs angebohrt werden" (83). Mit solcher Vermischung ist auf ein Phänomen des Zeitgeistes angespielt, nämlich auf die Verkehrung der Werte, die Banalisierung der Erhabenen und die Heiligsprechung des Banalen. Hierzu gehört auch die Verfremdung von Redensarten durch wörtlichen Gebrauch: „der Horizont machte ihm einen Strich durch die Pupillen" (132) aus „einen Strich durch die Rechnung machen"; oder durch Mischung: „Ich witterte für mich Oberwasser" (64) aus „Morgenluft wittern" und „Oberwasser bekommen" und „uns allen saß Tulla als Splitter im Fleisch" (79) aus „der Splitter im Auge des anderen" und „der Pfahl im eigenen Fleisch". Schließlich seien noch die Wortschöpfungen genannt, die oft so treffend sind, daß man sie sich nicht mehr wegdenken kann und wegdenken möchte: „kartoffelkeimbleichen Kerzen" (93) und „sahnebonbonsüßen Stolz" (46). „Natur, wo man hinschiß" (108) für „hinsah" schließlich parodiert die sonntägliche Naturfrömmigkeit.

6.4
Die Subjektivierung der Dinge

Es liegt in der Komposition des Stils die erklärte Absicht von Günter Grass, die poetische Welt von den Dingen her aufzubauen. Die Dinge haben in seinem Werk ein Eigenleben, dem der Mensch ausgeliefert scheint. Das läßt sich in *Katz und Maus* besonders gut an der Figurenkomposition zeigen, wobei Mahlke das hervorstechende Beispiel ist. Die Figur Joachim Mahlke ist das Kompositum ihrer Körperteile und Kleidungsstücke. Ein davon unabhängiges Innenleben bleibt unerwähnt, mit den Worten des Pilenz: „Und seine Seele wurde mir nie vorgestellt. Nie hörte ich, was er dachte. Am Ende bleiben sein Hals und dessen viele Gegengewichte." (31) Alle Beschreibungen Mahlkes geschehen in Form von Subjektivierung der Teile: „Gelbliche Lippen hatten blaue Ränder und entblößten Mahlkes klappernde Zähne." (10); „gerötete ... Lider mit wenig Wimpern um, glaube, hellblaue Augen, die erst unter Wasser neugierig wurden." (13); „Das Ding an seinem Hals geriet außer Rand und Band" (33), „Leidend zur Nasenwurzel strebende Brauen" (41), „Kniekehlen quetschten die Hände" (82).

Das Ich Mahlkes tritt als eine Art Quintessenz seiner Teile oder auch als deren mechanischer Marionettenspieler in Erscheinung. Daran läßt jedenfalls der überaus häufige Gebrauch von „lassen" im Sinne von „etwas tun lassen" denken: „ließ die Gurgel fliegen" (10), „ließ beim Kauen seinen Adamsapfel Klimmzüge machen" (25), „seine Ohren durchsichtig werden, hochrot anlaufen ließ" (49) oder auch „zeigen".

Die Prominenz der Dinge und Teile in der Darstellung Joachim Mahlkes verhindert die gefühlsmäßige Anteilnahme des Lesers an seinem Schicksal; dafür schärft sie seine Beobachtung. Das entspricht der Absicht des Autors.

Unterrichtshilfen

1
Didaktische Aspekte

Katz und Maus nimmt einen hervorragenden Platz nicht nur in der modernen deutschen Literatur, sondern auch in der Weltliteratur ein. Offenbar ist das Werk über die geistig-kulturelle Welt, der es angehört, hinaus attraktiv und aussagekräftig. Wenn es auch außerhalb Deutschlands kaum empfindliche Nerven trifft, so hat es doch auch dort den Klang der Wahrheit, wo es nicht so verstanden werden kann, wie es der Dichter gemeint haben muß. Die Lektüre von *Katz und Maus* kann zur Einführung des Begriffs „Weltliteratur" herangezogen werden. Textproben in verschiedenen Sprachen können verglichen und dabei Probleme des Übersetzens von Dichtung aufgezeigt werden. Das führt dann zu der Frage nach dem Wert der Lektüre einer Dichtung in einer anderen als ihrer originalen Sprache.

Im Pandämonium der *Danziger Trilogie* ist es der Blechtrommler Oskar Matzerath, nicht zuletzt wegen seiner filmischen Verkörperung durch David Bennent, der es zum größten Weltruhm gebracht hat. Aber auch der „große Schwimmer und Taucher Joachim Mahlke" und die überkommene Vorstellungen von Weiblichkeit entmythisierende Tulla Pokriefke, „Oskars boshaftes Schwesterchen",[39] die zwar ihre Hauptrolle in *Hundejahre* spielt, aber in der Situation von *Katz und Maus* besonders eindrucksvoll ist, sind inzwischen zum verfügbaren Bestand literarischer Bildung geworden. In ihrer extremen und dennoch überzeugenden Gestalt eignen sie sich als Referenzfiguren und zu Vergleichen. Das trifft auch auf das Vorkommen des Ritterkreuzes zu, das etwas vom Charakter der gründenden Ursituation hat: Ein zu bestimmtem Zweck gemachter und ideologisch eindeutig definierter Gegenstand verliert Zweck und Bestimmung, verwandelt sich in ein unbenennbares Ding, ein „Dingslamdei", und gewinnt mit unheimlicher Eigenwirkung schicksalhaften Einfluß auf den Menschen. Andere Konfigurationen der poetischen Erfindung, die das Zeug zu modellhaften Vorstellungsbildern haben, sind die das Ganze überdachende „Mär von Katz und Maus", das Verhör des „mickrigen" Buschmann und vor allem das verdächtige Freundespaar Mahlke und Pilenz. Sie überzeugen mit der Selbstverständlichkeit vorstellungsbildender Fiktionen, die vertraute, aber noch nicht kritisch bewußte Realitäten in ein treffendes Bild bannen, das dann wie immer schon dagewesen erscheint und nicht mehr wegzudenken ist.

Ihren Welterfolg verdankt die *Danziger Trilogie* auch dem Stil und der Sprache von Günter Grass, deren Eigenart selbst in Übersetzungen spürbar bleibt. In *Katz und Maus* sind Stil und Sprache der *Danziger Trilogie* am greifbarsten, weshalb es sich dazu anbietet, Schüler mit der Sprachkunst von Günter Grass bekannt zu machen. *Katz und Maus* im ganzen taugt gut dazu, Schüler an die *Danziger Trilogie*, damit an das Werk des bekanntesten deutschen Schriftstellers der Gegenwart und weiter an die deutsche Literatur der Zeit heranzuführen: Es ist straff und überschaubar gebaut, spielt im Schülermilieu und enthält Schülerthematik, ist maßgebend in der Dichtung zur Arbeit an der Reflexion der NS-Vergangenheit, enthält die hervorstechenden Züge der Sprach- und Erzählkunst von Günter Grass in verknappter Form und ist kurz genug für eine sinnvolle, das Fassungsvermögen und die Geduld von Schülern in der Sekundarstufe II nicht überfordernde Besprechung.

Auch die literaturwissenschaftliche Propädeutik kann an einer Besprechung von *Katz und Maus* im Deutschunterricht teilhaben. *Katz und Maus* ist so streng nach der Theorie der Novelle gebaut, daß sich diese vom Werk ableiten läßt. Am Paradebeispiel des Erzählers Pilenz lassen sich Aspekte moderner Erzähltechnik (wie Erzählperspektive, fiktiver und authentischer Erzähler, Erzählerrollen, Erzählzeit und erzählte Zeit, szenisches oder panoramaartiges Erzählen) aufzeigen. Für den Gebrauch von „Imagery" und Motiven, für eine komplexe Leitmotivtechnik und eine Vielfalt von Darstellungsformen des Komischen ist *Katz und Maus* ein Schulbeispiel.

Weiterhin ist die Novelle als eine Art historisches Dokument interessant, obwohl zeitgeschichtliche Fakten nur am Rande erscheinen und der Stoff in einer vom fiktiven Erzähler verzerrten Perspektive geboten wird; aber selbst diese Perspektive, die Seh- und Denkweise des Erzählers Pilenz, hat historischen Dokumentationswert. In den Einzelheiten des banalen Alltags bewahrt *Katz und Maus* nuancenreich ein Stück Wirklichkeit aus dem Zweiten Weltkrieg. Dem Zeugen dieser Zeit hebt es längst vergessene, oft nie recht durchschaute und begriffene Situationen bedrängend ins Bewußtsein; und wer sie nicht selbst erlebt hat, dem gibt das Werk etwas von der unheimlichen, stickig-explosiven Atmosphäre dieser Welt zu spüren, wie das kein unpoetisches Dokument vermöchte. Die *Danziger Trilogie* gibt unzählige Informationen über jene Zeit, die sonst nirgendwo mehr zu erhalten sind.

Als die Novelle 1961 erschien, widerlegte sie sofort die These von der Einflußlosigkeit der Dichtung, indem sie Diskussionen grundsätzlicher Fragen auslöste und aktivierte, die fortdauern.[40] Vertraute und fraglos hingenommene Wertbegriffe[41] werden verfremdet und als gefährliche Verführer entlarvt. Das fordert dazu heraus, ihre konkrete Wirksamkeit zu untersuchen und sie zeitgemäß zu definieren.[42] In ähnlicher Weise wirkt die kritische Darstellung etablierter Institutionen.[43] Sie ruft Protest hervor, gibt aber auch Anlaß, die ja immer verbesserungsbedürftigen

Einrichtungen kritisch zu prüfen. Die Zündkraft, mit der *Katz und Maus* geistige Prozesse startet und die Diskussion gesellschaftlich relevanter Themen auslöst, wirkt positiv im Sinne einer Erziehung zu demokratischem Verhalten.[44]

2 Unterrichtsreihen

Innerhalb des Kursangebots der Oberstufe kann *Katz und Maus* beispielsweise im Rahmen der folgenden Unterrichtsreihen behandelt werden:

1. Die Verarbeitung der NS-Vergangenheit in der deutschen Prosa nach 1945
   Kurzgeschichte: Wolfgang Borchert, „Mein bleicher Bruder"
   Novelle: Günter Grass, „Katz und Maus"
   Roman: Thomas Mann, „Doktor Faustus"

Mögliche Vergleiche: *Gattung und Inhalt* (Kurzgeschichte/Lichtpunkt/der Augenblick der Wahrheit; Novelle/Lichtstrahl/beispielhafte Entwicklung der Wahrheit; Roman/Lichtschein/Ausbreitung der Wahrheit).
Das Kain und Abel-Motiv: Kain, wo ist dein Bruder Abel?
Das Unterfutter des Krieges („Kriegerisches" im einzelnen, in Weltbild und Moral des Kleinbürgertums und in der vom deutschen Bildungsgut geprägten Geistigkeit des Bildungsbürgers).
NS-Vergangenheit: Art und Weise des Nachdenkens über die Zeit des Nationalsozialismus.

2. Der Erzähler und sein Held in Prosawerken mit Rahmenerzählung
   Wilhelm Raabe, „Stopfkuchen"
   Thomas Mann, „Doktor Faustus"
   Günter Grass, „Katz und Maus"

Mögliche Vergleiche: Der gesellschaftliche Hintergrund (Spießbürger, Bildungsbürger, Kleinbürger). Außenseiter der Gesellschaft, ihr Leiden an der und ihre Flucht aus der Gesellschaft. „Rückkehr in den Mutterschoß": die Rote Schanze, die Betreuung der Mutter, der Kahn. Die Schuld des Erzählers als Erzählmotivation.

3. Deutsche Novellen
   Kleist, „Michael Kohlhaas"; Droste, „Die Judenbuche"; Gotthelf, „Die schwarze Spinne"; Stifter, „Brigitta"; Grillparzer, „Der arme Spielmann"; Mörike, „Mozart auf der Reise nach Prag"; Meyer, „Der Heilige"; Storm, „Der Schimmelreiter"; Hauptmann, „Bahnwärter Thiel"; Mann, „Mario und der Zauberer"

3
Unterrichtssequenz für den Grundkurs

Die Vorschläge für die einzelnen Unterrichtsstunden lehnen sich an die entsprechenden Kapitel dieser Arbeit an und verweisen auf sie. Sie enthalten aber auch zusätzliches Material. Hilfsmittel sind „Königs Erläuterungen und Materialien" Band 162/63 aus dem Bange Verlag und „Erläuterungen und Dokumente", Reclam Universal-Bibliothek Nr. 8137. Das Reclambändchen ist wegen der Karten von Langfuhr und der Ostseeküste bei Danzig sowie ausgiebiger Materialbeilagen (Umschlagbild, Grass-Aussagen, Dokumente zur Wirkungsgeschichte und Texte zur Diskussion), vor allem aber wegen der ausführlichen Texterläuterungen besonders zu empfehlen. Letztere sind jedoch cum grano salis zu betrachten; zwar sind sie sachlich zuverlässig, sie enthalten aber auch viel subjektive und überflüssige Details, wodurch sie allerdings auch unerwartet anregend sind. Texterläuterungen finden sich auch in der Grass-Werkausgabe von Volker Neuhaus, Band 3, S. 863-882. Auf im Literaturverzeichnis aufgeführte Werke wird durch Angabe des Verfassernamens verwiesen.

Abkürzungen

TA	= Tafelanschrift	LK	= Leistungskurs
GA	= Gruppenarbeit	LV	= Lehrervortrag
GK	= Grundkurs	Ref	= Referat
HA	= Hausaufgabe	SV	= Schülervortrag
KRef	= Kurzreferat	UG	= Unterrichtsgespräch

Kapitel des Primärtextes in römischen Ziffern, Kapitel dieser Arbeit in arabischen.

1. Stunde

Gegenstand	Stoff, Stellung in *Danziger Triologie*, Danzig als Literaturort
Didaktische Aspekte	Klärung erster Leseeindrücke nach vorangegangener erster Gesamtlektüre mit ersten Notizen, Sichtung von Leseinteressen für Arbeitsgruppen zur 2. Lektüre (für Handlung, Orte, Zeit, Erzähler, Held, Komik, Sprache, Motive und Leitmotive)
Unterrichts-verlauf	1. UG – Sammlung und Diskussion erster Leseeindrücke, Erstellung eines Besprechungsplanes und Erteilung von Sonderaufgaben.

	2. SV – Grass' Leben und Werk, besonders *Katz und Maus* und *Danziger Trilogie* (s. Zeittafel S. 131 dieser Arbeit, Vormweg sw 359) 3. SV über Entstehung von *Katz und Maus* (Reclam 79, Grass „Rückblick ...", Neuhaus IX, 264-633) 4. LV über Verknüpfung von *Katz und Maus* mit *Danziger Trilogie* (Hj 232; Kap. 1) 5. SV zu Geschichte und Sonderstellung von Danzig bis 1939 und von 1939-1949 6. Aufsuchen der genannten Orte auf Karten (Reclam 3ff.)
Methodische Hilfen	Nur Tatsachenrahmen in Kurzvorträgen erstellen. Eventuell Hinweis auf Stärken und Schwächen der Erläuterungen bei Reclam und Bange.
Hausaufgabe	Erneutes Lesen von Kap. I-IV; S. 5-38 mit Leitfragen: Wer und wo sind Katz und Maus? Was erfahren wir über Mahlke? In welchem Ton wird von ihm erzählt? Anfertigung einer kurzen Inhaltsangabe von Kapitel I-IV mit Kurzüberschriften der Kapitel.

2. Stunde

Gegenstand	Handlung der Kapitel I-IV; Katz-und-Maus-Bezüge (s. Kap. 2)
Didaktische Aspekte	Vermittlung eines klaren Verständnisses des Handlungsablaufes und -zusammenhanges, Erkennen wesentlicher inhaltlicher und formaler Elemente und der Dimensionen von Katz und Maus im Text, der Vielfalt des Erzählers und Mahlkes als Held und künstlerischer Figur.
Unterrichtsverlauf	1. Erfragen von Einzelheiten (Trivia-Quiz) 2. SV und UG über das Umschlagbild (Reclam 7f.) 3. SV und UG zum Titel (evtl. Katz und Maus in Sprichworten und Redensarten) 4. UG – Analyse der Mär von Katz und Maus (5), Ermittlung wichtiger Motive (Zahnschmerz, Katz und Maus, Adamsapfel, Dreieck, Sprung der Katze auf die Maus)

	5. UG – Analyse des Erzählerstarts (s. Kap. 5.2) 6. UG – Der Handlungsverlauf I-IV (s. Kap. 2)
Methodische Hilfen	Im Trivia-Quiz scheinbare, aber wichtige Nebensächlichkeiten erfragen, z. B. den Vornamen Mahlkes (Joachim = Vater Marias?) (s. Anm. 36), Mallenbrandts Fächer (Kath. Religion und Sport = thematisch), Gründe für Mahlkes Entlassung aus dem Jungvolk (= Verhältnis zum Nationalsozialismus), Pilenz' Funktion beim Schlagballspiel („Tickspieler" auch gegenüber Mahlke).
Hausaufgabe	Lesen von Kap. V-VII, S. 39-69 mit Inhaltsangaben und Kapitelüberschriften. Leitfragen zur Lektüre: Kennzeichnung der Personen durch die Sprache? Was erfahren wir von der Person des Erzählers, der Erzählsituation und -motivation? Art und erzählerische Vorbereitung des „unerhörten Ereignisses"?

3. Stunde

Gegenstand	Handlung im Kap. IV-VII (39-69); Das Ritterkreuz und seine Funktionen (vgl. 3)
Didaktische Aspekte	Erfassung des Handlungsablaufs; Weiterverfolgung der Erzählperspektiven, Mahlkes Erscheinung; Sprachkunst und Sprachschichten und soziales Milieu.
Unterrichtsverlauf	1. SV über den historischen Hintergrund des Geschehens in *Katz und Maus* 2. LV: *Katz und Maus* als Herzstück der Danziger Trilogie 3. UG über Einfluß des Krieges auf den Alltag der Jungen 4. UG über Ritterkreuz als Sache, Requisit und Symbol in *Katz und Maus* 5. UG: Analyse der Reden der Ritterkreuzträger und Klohses
Methodische Hilfen	Leitfragen zum UG: Zeitbezug von Ereignissen in K. u. M. zu historischen Ereignissen, Rolle des Ritterkreuzes im Leben der Jungen? Übereinstimmungen und Unterschiede zwischen den Ritterkreuzträgern in ihren Reden?

Hausaufgaben	Lesen von Kap. IX-XIII (70-112) unter den Aspekten: Mahlkes Religiosität, die Bedeutung der Schule für Mahlke

4. Stunde

Gegenstand	Handlung Kap. IX-XIII (70-112); Motive Mahlkes; offener Schluß – Ambivalenz
Didaktische Aspekte	Religion, Schule und Militär in *Katz und Maus*
Unterrichtsverlauf	1. UG: Die Motive für Mahlkes Handeln 2. SV: Das Bild der Institution Kirche[45] 3. UG: Die Religiosität von Mahlke und Pilenz 4. UG: Der Schluß der Novelle, Ambivalenz der Aussage (vgl. Kap. 2.3 u. Kap. 5.1 sowie Anm. 36 der Interpretation) 5. Das Bild der Schule, der Studienräte[46]
Methodische Hilfen	zu 1.: Wie ist die Erscheinung der Jungfrau im Sinne der Psychologie Freuds erklärbar? zu 3.: Wie beurteilen Sie die Darstellung religiöser Elemente durch Grass?
Hausaufgabe	Skizzieren Sie eine mögliche Fortsetzung oder einen anderen Schluß der Novelle

5. Stunde

Gegenstand	*Katz und Maus.* Eine Novelle. Gattungsbestimmung (vgl. Kap. 3)
Didaktische Aspekte	Novellentheorie als Analyseinstrumentarium, Verstehen von *Katz und Maus* als Parodie der Novellenform
Unterrichtsverlauf	1. LV oder SV über Novellentheorien mit relevanten Aspekten 2. Erarbeitung der Novellenform: Unerhörtes Ereignis, Wendepunkt, Leitmotive, Silhouette, Dingsymbol, gesellschaftliche Hintergrund. 3. UG: *Katz und Maus:* Parodie des gesicherten Lebens?

Methodische Hilfen	zu 2.: In welchen Punkten erfüllt Grass den traditionellen Formanspruch der Novelle? zu 3.: Inwiefern treibt Grass mit der traditionellen Form ein parodistisches Spiel?
Hausaufgabe	Aufsuchen zahlreicher Beispiele der Abweichung von der deutschen Standardsprache. Versuchen Sie, die Aussageabsicht zu bestimmen.

6. Stunde

Gegenstand	Stil und Sprache in *Katz und Maus* (S. Kap. 6) (Schwarz S. 58-80)
Didaktische Aspekte	Erkennen der Besonderheiten von Grass' poetischer Sprache und ihrer Aussageabsicht.
Unterrichtsverlauf	1. UG: Sichtung der Ergebnisse der Hausaufgabe, *2. UG: Bestimmung und Verteilung von Dialekt, Umgangs-, Pennäler- und Hochsprache*
Methodische Hilfen	zu 1.: Welche stilistische Funktion haben die Normverstöße? zu 2.: Welche Funktion hat die Inkonsistenz in Sprachstil und Erzählhaltung?
Hausaufgabe	Zusammenstellung wichtiger Dinge und ihrer Bedeutung

7. Stunde

Gegenstand	Motiv- und Leitmotivgebrauch in *Katz und Maus*, „Montagetechnik"
Didaktische Aspekte	Leitmotivtechnik als integratives Gegengewicht zur desintegrierenden Erzählweise
Unterrichtsverlauf	1. SV: Bestimmung von Motiv und Leitmotiv (mit Sachwörterbüchern) 2. UG: Sammlung Leitmotiven in *Katz und Maus* 3. SV/UG: Die Möwen als „griechischer Chor" (vgl. Kap. 5.7). Leitmotivische Konstruktion der Figuren (Mallenbrandt, Klohse, Hotten Sonntag, Winter, Schilling, Pilenz' Mutter, Mahlkes Mutter, Tante Susi)

	4. UG: Zur Identität von Figuren durch leitmotivische Übereinstimmung (Bengel: Oskar, Buschmann, Störtebecker; Religion, Sportpfeifen: Mallenbrandt, Mahlke) 5. LV/UG: Künstlerischer, „musikalischer“ Gebrauch von Motiven und Leitmotiven: Motivkettenvariation, Entwicklungen von Vorform zur Endform, Motive als Vorausdeutungen (vgl. Kap. 3.3).
Methodische Hilfen	Materialsammlungen zu bestimmten Motiven durch verschiedene Schüler, besonders zu Dingsymbolen (z. B. Knobelbecher, Konserven etc.)

8. Stunde

Gegenstand	Gesellschaftliches Milieu in *Katz und Maus* („Kleinbürgermief“); Grass' Entwurf des Kleinbürgers als Wurzelboden des Nationalsozialismus, hier im Restbestand während des 2. Weltkrieges
Didaktische Aspekte	Erkennen eines zeitgebundenen und zeitübergreifenden Modells gesellschaftlicher Wirklichkeit in *Katz und Maus* und der Ansätze zu „großen Verbrechen“ in „großer Zeit“ in harmlosen Alltagsereignissen, z. B. in „Olympiade“[47]
Unterrichtsverlauf	1. UG: Beschreibung des gesellschaftlichen Milieus 2. SV/UG:Die Typen kleinbürgerlicher Mentalität (vgl. Kap. 4.3) 3. LV/UG: Kleinbürgertum und verlorene Aufklärung (vgl. Kap. 4.4) 4. SV: Pilenz, der verkappte Außenseiter (vgl. Kap. 4.5) 5. Mahlke, der kleinbürgerliche Kriegsheld
Methodische Hilfen	Notwendige Betonung des subjektiven dichterischen Entwurfs (nicht wissenschaftlicher Beweis) bei Herleitung des Nationalsozialismus aus „Kleinbürgermief“ möglichst am Ende der Besprechung. Im LK eventuell Zusammenschau dieser Erkärung mit anderen.

Hausaufgabe	Sammlung von Stellen, die Pilenz als a) Handlungsfigur b) als Erzähler kennzeichnen

9. Stunde

Gegenstand	Grass als Autor: Pilenz als Erzählmedium und fiktiver Erzähler (s. Kap. 5)
Didaktische Aspekte	Unterscheidung von Autor-Erzählfigur
Unterrichts-verlauf	1. Pilenz als Handlungsfigur 2. Pilenz als Erzähler: Die Beichte als Erzählsituation 3. UG: Authentischer und fiktiver Erzähler 4. LV: Klärung von Termini der Erzähltechnik (fiktiver – authentischer Erzähler, Erzählperspektive, -motivation, -absicht, Ich-, Er-Erzählung, Erzählerstandpunkt), panoramaartig: szenische Darstellung, Erzählzeit, erzählte Zeit 5. LV/UG: Zusammenstellung der Erzählerpositionen: teilnehmend, distanzierend usw.
Methodische Hilfen	TA zur Aufspaltung des Erzählers. Ist Pilenz' „Schreiben" erfolgreiche Vergangenheitsbewältigung?
Hausaufgabe	Beziehungen zwischen Pilenz und Mahlke? Malkes Auftreten?

10. Stunde

Gegenstand	Schlußbesprechung: Mahlke als Held von *Katz und Maus*
Didaktische Aspekte	Erstellen einer literarischen Charakteristik
Unterrichts-verlauf	1. SV: Zusammenstellung der Kompositions elemente (Mahlkes Aussehen, Körper, Kleidung, Gestik, Mimik; Fundschätze, Kram, Anhängsel) 2. SV/UG: Äußere (Adamsapfel, Jungfrau, Schu-

	le) und innere (Gefühl der Bedrohung) Motive von Mahlkes Handeln. Welche inneren Zustände deuten sich hinter der äußeren Entwicklung an? 3. UG: Mahlke und seine menschliche Umgebung: Was bedeutet er für andere, was andere für ihn? 4. UG: Die Schuld der Umwelt an Mahlkes Wesen 5. UG: Ambivalenz in Charakter, Handeln und Schicksal Mahlkes Die Bedeutung der Sexualität als Persönlichkeitsfaktor. Relation zwischen pervertierter Sexualität, Religiosität und Militarismus (98, 105-108)
Methodische Hilfen	Diskussion vorgebrachter Deutungen Mahlkes als Kriegsheld, Widerstandskämpfer, Außenseiter, psychologischer und psychiatrischer Fall, Clown, scheiternder und trivialisierter Erlöser

4
Additum für den Leistungskurs

11. Stunde

Gegenstand	Deutungen und Deutbarkeit von *Katz und Maus* (vgl. Kap. 1.3. u. 3.4.)
Didaktische Aspekte	Kennenlernen einiger prominenter Deutungen von *Katz und Maus*. Unterscheiden zwischen extrem subjektiver Deutung und strenger Textinterpretation. Wahrnehmung des Unterschieds zwischen zitierender Anspielung und Deutungshinweis im Text.
Unterrichtsverlauf	1. LV/UG: Zum Deuten von Dichtung? Entdekken von bekannten Verläufen in der zu erkennenden Dichtung (vgl. Literaturverzeichnis) 2. SV: E. Ottinger, „Zur mehrdimensionalen Erklärung von Straftaten Jugendlicher ...“ – psychologische Deutung –

	3. SV: E. Behrend, „Die Ausweglosigkeit der menschlichen Natur" – Schichten: der individuelle Fall. Das Heldenbild. Der historische Fall. Geschichte des abendländischen Geistes. 4. SV: G. Kaiser: *Günter Grass*; *Katz und Maus* – werkimmanente Deutung –
Methodische Hilfen	Anhalten zur kritischen Bewertung der verschiedenen Deutungen. Dazu Leitfragen: Was widerspricht der jeweiligen Deutung in *Katz und Maus*? Was wird durch sie bedeutungslos?
Hausaufgabe	Verfassen eines Forschungsberichts zu ausgewählten Deutungen von *Katz und Maus*

12. Stunde

Gegenstand	Literarische Anspielung und Literatur-Parodie in *Katz und Maus* (vgl. Kap. 6.2)
Didaktische Aspekte	Erkennen von deutschem Bildungsgut und seiner Verarbeitung in der Novelle, z. B. Trivialisierung des Idealismus („Setzetnichtlebenein niewirdeuchgewonnensein" (42), Parodie von Schiller *Der Taucher*
Unterrichtsverlauf	1. LV/UG: Literatur als Motiv: Anspielung, Parodie, Gegenentwurf 2. SV/UG: Literarische Anspielung in *Katz und Maus* (Schiller, Goethe, Eichendorff, Löns, Lutherbibel, Augustin, Dwinger, Kierkegaard, Dostojewski) 3. UG (Nach HA): Der Taucher Joachim Mahlke als Parodie von Schillers *Der Taucher* (11f. und 110f.), Vergleich nach Inhalt und Sprache 4. UG (nach HA): Mahlke als Gegenentwurf zu Hamlet
Methodische Hilfen	Zu *Der Taucher*: 2maliges Tauchen, 1. Rückkehr mit Trophäe, 2. keine Rückkehr, vergebliches Warten, Stille; Schiller, Strophe 4,5 / Grass „und einmal" bis „Aquarium" (11): Person des Tauchers, Vorbereitung, Eintauchen in das andere Element; (Str. 19, 20 / „nervöse" bis „Nie Flun-

	dern" (11): die Unterwasserwelt; (Str. 9, 10 / „Wir hielten" bis „Glettkau" (11): die wartenden Zuschauer, Unheimliches, das ungute Gefühl; (Str. 13, 14, 15 / „da kam er" bis „aus einem Stück" (11 f.) „und nahm den Brocken ... nicht weit zur Marienkapelle" (12): Die Erscheinung des Auftauchenden, die Trophäe, Liebe

5
Klausurvorschläge

Grundkurs

1. Der Novellenanfang
   Analysieren Sie die Episode auf dem Schlagballfeld (5 bis „Kratzer davon.") in der Funktion als Einleitung: Welche Atmosphäre, Motive, Spannungen, Konstellationen und Entwicklungen werden hier eingeführt?

2. Die Rahmenhandlung
   Bestimmen Sie Zeit, Ort, Personen und Handlung der Rahmenhandlung. (26, 64, 111 f.) Auf welche Weise ist die Rahmenhandlung mit der Haupthandlung verzahnt und welche Bedeutung hat sie dafür? Wie würde sich die Novelle ändern, wenn diese Rahmenhandlung wegfiele?

3. Personengestaltung
   Charakterisieren Sie eine Nebenfigur: Tulla, Klohse oder Mallenbrandt. Erläutern Sie dabei, von welchen Elementen der Darstellung Sie zu Ihrem jeweiligenErgebnis kommen. Ziehen Sie ein Fazit aus Ihren Untersuchungen und definieren Sie Art und Weise der Personengestaltung in *Katz und Maus*

4. Der Kriegsheld
   Analysieren Sie die Reden der Ritterkreuzträger (39-41, 53-55) nach Sprache und Inhalt. Was sagen sie über die geistige Verfassung der Redner aus und darüber, warum und wie sie zu Helden wurden?

Leistungskurs

1. Die Rolle des Erzählers in *Katz und Maus*:
   (Kap 5) Bestimmen Sie den Charakter und die Erzählmotivation(en) des Erzählers Pilenz und führen Sie im einzelnen aus, wie beides Erzählweise und Erzählung beeinflußt. Stellen Sie die wesentlichen Züge der Erzählperspektive in *Katz und Maus* zusammen.

2. Charateristik Gusewskis (Kap. IX)
   Mit welchen Stilmitteln arbeitet Grass dabei? Welchen Stellenwert hat diese Figur innerhalb der Religionskritik der gesamten Novelle?

3. Die Geschichte Joachim Mahlkes ist von verschiedenen Interpreten unter unterschiedlichen Aspekten gesehen worden:
   — Der Werdegang eines Kriegshelden
   — Die Leidensgeschichte eines jugendlichen Außenseiters der Gesell schaft
   — Die Entwicklung eine Pssychopathen
   a) Untersuchen Sie die Gültigkeit dieser Aspekte.
   b) Was ist Ihrer Ansicht nach Grass' Hauptintention?

6
Materialien

Mat. 1: Auszug aus der „Rede von der Wut über den verlorenen Milchpfennig", gehalten von Günter Grass anläßlich der Landtagswahlen in Schleswig-Holstein, März 1967; abgedruckt in Günter Grass, Über das Selbstverständliche. Reden Aufsätze Offene Briefe Kommentare, Luchterhand Verlag, Neuwied und Berlin 1968, S. 182-185

Da meine Zeit begrenzt ist und unsere Statussymbole austauschbar sind, beschränke ich mich auf ein begrenztes und gleichwohl wichtiges Thema: Orden und Ehrenzeichen. Ich könnte genauso gut vom Milchpfennig reden, denn die Wut über den verlorenen Milchpfennig tritt ähnlich fäusteschüttelnd auf wie die Wut über das verlorene Ritterkreuz.

Die Bundesrepublik ist unter anderem reich an soldatischen Traditionsverbänden. Diese ehemaligen Angehörigen der Wehrmacht, Marine, Luftwaffe und Waffen-SS haben vier Jahre lang die Welt in Schrecken, Furcht und Staunen versetzt. Im Kaukasus hißten sie die Reichskriegsflagge. Unzureichend bekleidet und ausgerüstet, hielten sie am Polarkreis die Murmansk-Front. Keine Wüste war ihnen zu groß; sie stießen bis El Alamein vor. Deutsche U-Boote machten die karibische See unsicher. Mehr als ein Dutzend europäischer Länder wurden militärisch erfolgreich heimgesucht und zu Zeugen solch erschreckender und, wie man zu meinen geneigt ist, übermenschlicher Tapferkeit gemacht, die sich in Rundfunksondermeldungen niederschlug. Ich bin mit Sondermeldungen im Ohr aufgewachsen. Immer wieder erlag ich dem Rausch der Erfolge. Tapferkeit, die ausschließlich an militärischen Leistungen gemessen wurde, geriet meiner Generation zum Glücksbegriff. Es kam darauf an, wie lange und gegen welche Übermacht, in welch taktischem bis strategischem Zusammenhang eine Stellung gehalten wurde. Es kam darauf an, wieviel Tausend-Brutto-Registertonnen versenkt, wie viele feindliche Flugzeuge abgeschossen, wie viele Panzer geknackt wurden. Es gab Spezialisten dieser Art Tapferkeit, sogenannte Asse, deren Bilder meine Generation tapferkeitssüchtig gesammelt hat.

Heute gibt es einen Traditionsverband Deutscher Ritterkreuzträger, der den überlebenden, also geringeren Teil der Tapferkeitsspezialisten von Zeit zu Zeit versammelt. Dagegen wäre wenig zu sagen, wenn dieser Verband nicht thesenhaft verkündete, diese militärische Tapferkeit habe einen Sinn gehabt. Nun sind aber nachweislich Millionen deutscher Soldaten sinnlos, also umsonst gefallen; Millionen Soldaten, die meinten, mit ihrer Tapferkeit „Führer, Volk und Vaterland" zu schützen, ja, die gerechte Sache der Deutschen in alle Welt zu verbreiten, dienten – auch das ist erwiesen – dem organisierten Verbrechen. Die Mehrzahl der deutschen Soldaten wußte das nicht. Aber Unwissenheit gibt ihrem Tod am Wolchow, bei Tobruk oder in der Normandie immer noch keinen Sinn; nur tragischer und absurder wird die Sinnlosigkeit blindlings vollbrachter Opfer, wenn heute den Unwissenden von gestern das Ritterkreuz zum Milchpfennig wird.

Weiterhin meint der genannte Traditionsverband, die symbolische Ehre der deutschen Kriegsorden verteidigen zu müssen. Dabei sind Orden und Ehrenzeichen von einer Reichsführung verliehen worden, die genau wußte, wie groß und zukunftsträchtig organisiert das geplante Verbrechen war, dem deutsche Soldaten mit ihrer sprichwörtlichen Tapferkeit den notwendigen Spielraum zu erkämpfen hatten. All das: die Massenerschießungen, die Vernichtungslager, die Euthanasie-Morde sind heute aktenkundig und unwiderlegt. Dennoch versuchen Traditionsverbände, wie jener der Ritterkreuzträger, den Tod ihrer Kameraden als Opfertod für das Vaterland zu deklarieren. Jede Kritik an der bewußten Verfälschung jüngster deutscher Geschichte wird von ihnen als Verhöhnung deutschen Soldatentums gewertet. Die Gefallenen von damals können sich gegen die Anmaßung der Traditionsverbände von heute nicht wehren. Wo aber, frage ich mich oft, lebt ein Ritterkreuzträger, der Reste seiner soldatischen Tapferkeit ins zivile Nachkriegsleben gerettet hat, der etwa dergestalt der Wahrheit das Wort reden könnte:

„Ja, ich habe erkannt, daß meine soldatische Leistung sinnlos gewesen ist. Ohne es zu wissen und zu wollen, half ich Verbrechern, die Zeit und Raum benötigten, ihren Mordanschlag an sechs Millionen Menschen zu organisieren und durchzuführen. Viermal bin ich verwundet worden. Ein Bein habe ich verloren. Bei Wetterumschlag schmerzt der Stumpf und erinnert mich. Ich lehne es ab, Orden zu tragen, die verliehen wurden, damit hinter unserm Rücken Mörder und ihre Gehilfen, denen wir alle Macht gegeben hatten, ihr Verbrechen ausbreiten und vollenden konnten!"

Aber so oder ähnlich hat bis heute kein Ritterkreuzträger in der Öffentlichkeit gesprochen. Die gleichen Leute, die nach der Kapitulation ihre Orden gegen amerikanische Zigaretten vertauschten, wollen heute die Jugend glauben machen, es handle sich bei dem einst hakenkreuzverzierten Metall um ein heiliges Symbol. Immer noch wird der militärischen Tapferkeit absolut ethischer Wert beigemessen. Meine These heißt: Angst vor dem Soldatentod zu haben und dieses Recht auf Angst konsequent zu verteidigen, verlangt Tapferkeit; diese Tapferkeit ist selten und bedarf keiner Orden und Ehrenzeichen.

Wir wissen, daß die Helden aller Kriege, hochdekoriert und gefeiert, Angst gehabt haben; denn nur die Dummheit schließt Angst aus. Mut, auch Ehrgeiz mag ihnen geholfen haben, ihre Angst zu überwinden, durch militärische Leistung zu verdrängen. Doch heute haben die überlebenden Helden aller Blitzkriege und Abwehrschlachten mit ihren Uniformen den dekorierten Mut abgelegt. Zivil gekleidet sind sie nur noch an Stammtischen tapfer. Sie beugen sich einer Tradition, die ihnen die besten Jahre geraubt, die ihre Gesundheit zerrüttet hat, deren Verführung sie immer noch erliegen; wären sie nicht mächtig, so wären sie nur töricht. So aber, weil sie der anfälligen Demokratie in unserm Land gefährlich sind und weil sich die Toten dieser Vermessenheit nicht erwehren können, sei ihnen Widerstand geboten.

Meine Damen und Herren, ich sprach von falscher Traditionspflege. Hätte ich nur vom Milchpfennig sprechen sollen? Es wird Joachim Steffens Aufgabe sein, zu beweisen, inwieweit der Milchpfennig und ähnliche Statussymbole gleichfalls falsche Traditionspflege sind. Packen wir alles in die Schublade: Die Orden und Ehrenzeichen, den Milchpfennig und unsere Wiedervereinigungskerzen. Schließen wir gut ab, damit uns die Ladenhüter einer verfehlten und abermals verfehlten Politik nicht mehr im Wege stehn. Unser Land verlangt nach ziviler und nicht nach militärischer Tapferkeit. Sie haben die Wahl.

Mat. 2 *Bernard Buffet*, Kopf eines Clowns

Anhang

Anmerkungen

[1] Die Titel der Rezensionen sind kennzeichnend für die Heftigkeit der Auseinandersetzung mit *Katz und Maus* und für die emotionalen Untertöne dabei. Dazu ein paar Beispiele: „Die Katze mit dem Ritterkreuz. Eine respektlose Novelle" – „Grass spielt Katz und Maus" – „Nur mit der Zange anzufassen" – „Ein Prosit der Geschmacklosigkeit" – „Ein ausgestoßener Held" – „Das gefährliche Spiel der Katze mit der Maus" – „Verdient unsere Zeit diesen Bestseller?" – „Wer ist Katz und wer ist Maus?" – „Porträt eines Kriegshelden" – „Nicht nur von der Maus gefressen" – „Das Kraftgenie aus Danzig" – „Die Unbefangenheit des Raubtiers" – „Welt im Adamsapfel" – „Danziger schweres Goldwasser" – „Scharfes Süppchen von Günter Grass" – „Baal spielt Katz und Maus" – „Neues aus der Kaschubei".

[2] Es heißt, die Novelle sei ein „Ableger der ‚Blechtrommel'" (Port, MANNHEIMER MORGEN), man lese „dieses Buch zunächst einmal als Nachtrag zur ‚Blechtrommel'!" (Nolte, DIE WELT), sehe in ihr „ein Beispiel literarischer Stoff-Resteverwertung" (SPIEGEL) und „178 Seiten Tröpfelbier Danziger Assoziationen, von Autor und Verleger ins kommerzielle Kielwasser der ‚Blechtrommel' gehängt, schnell noch, bevor es verrinnt" (Roth, DIE KULTUR). Noch Tank (1965) sieht *Katz und Maus* im Umkreis der *Blechtrommel*, S. 64.

[3] Grass in „Wir, die wir übriggeblieben sind ...", Interview mit Geno Hartlaub, SONNTAGSBLATT, Hamburg, 1.1.1967, abgedruckt in Loschütz, S. 211-216. In einem Brief an John Reddick, Januar 1971, erklärt Grass: „Richtig ist vielmehr, daß mir der gesamte Stoff der Novelle ‚Katz und Maus' die Erstkonzeption des Romans ‚Hundejahre' zerschlagen hatte. Ich hatte das Manuskript damals unter dem Titel ‚Kartoffelschalen' mit einer zwar reizvollen, aber auf die Dauer nicht tragfähigen Konzeption begonnen, und als auf Seite 350 (etwa) der Mahlke-Stoff als Kapitel und Episode dargestellt werden sollte, bemerkte ich die falsche Erzählkonzeption, legte den begonnenen Roman ‚Kartoffelschalen' zur Seite und schrieb, weil sich der Mahlke-Stoff zur Novelle auswuchs, die Novelle ‚Katz und Maus'." (Reddick, 1974, S. 271)

[4] Dabei zeigen sich oft überraschende Gleichklänge in der Darstellung von Einzelheiten. Pilenz: „Schüler wurden verhört. Ich hoffe, nicht gegen ihn ausgesagt zu haben" (32); Harry Liebenau: „Zwar mußten später einige Schüler, darunter ich, als Zeugen im Konferenzzimmer aussagen; aber wir hielten uns zurück ..." (Hj 235). Harry Liebenaus Epitheton ornans „puppig" für die dicke Jenny und seinen mehrseitigen Ausführungen über Jennys „Trauerschwarz" (Hj 237ff.) entspricht bei Pilenz: „Seine Pflegetochter, ein puppiges Wesen, das Ballettstunden nahm, trug Trauerschwarz durch die Straßen" (32).

[5] „Jahre später ... sollen einige Gymnasiasten, die dort ein Schlagballturnier veranstalteten, einem dösenden Mitschüler die Katze des Platzverwalters an den Hals gesetzt haben" (Hj 143).

[6] „Im Spätherbst einundvierzig – Sondermeldungen über Erfolge im Osten blieben aus – konnte das Conradinum schon auf zweiundzwanzig gefallene Con-

radiner hinweisen. Die Marmortafel mit den Namen, Daten und Dienstrangen hing im Hauptportal zwischen Schopenhauer und Kopernikus. Unter den Gefallenen gab es einen Ritterkreuzträger. Zwei Ritterkreuzträger lebten noch und besuchten, wenn sie Urlaub hatten, regelmäßig ihre alte Schule. Manchmal hielten sie in der Aula knappe oder weitschweifige Vorträge. Wir saßen angenagelt und die Lehrer nickten zustimmend. Nach den Vorträgen durften Fragen gestellt werden. Die Schüler wollten wissen, wie viele Spitfire man abschießen, wieviele Bruttoregistertonnen man versenken müsse. Denn wir waren alle darauf aus, später einmal das Ritterkreuz zu bekommen. Die Lehrer stellten entweder sachliche Fragen – ob es immer mit dem Nachschub klappte – oder sie gefielen sich in starken Sätzen und sprachen vom Durchhalten und vom Endsieg" (Hj 232).

[7] Grass in „Der Berühmte", Interview mit Heinrich Vormweg, MAGNUM Jahresheft 1964, abgedruckt in Loschütz, S. 202-207.

[8] „... all inspired as it were by the same muse. This is apparent if one takes even the hastiest of glances at ‚Local Anaesthetic', which followed a full six years later (1969), and bears the stamp of a very different sort of muse" (Reddick, 1974, S. XI).

[9] Der nach der Textvorlage von *Katz und Maus* gedrehte Film (Produzent Pohland, Regisseur Henn, Kameramann Wirth, Pilenz: Neuß, Mahlke: Lars und Peter Brandt, Uraufführung am 2. Februar 1967 im Berliner „Atelier am Zoo") erregte wegen seiner Begleitumstände einiges Aufsehen, als er 1967 in den Filmtheatern anlief, wurde aber kein Erfolg und versank bald in Vergessenheit. Trotz interessanter Einzelteile ist er im ganzen mißlungen, weil der Stoff nur äußerlich und inkonsequent aus dem Medium der Literatur in das des Films übertragen wurde. Z. B. ist der Tatsache, daß es sich um Erinnerungsbilder des Pilenz handelt, mit übermäßig viel technischem Aufwand Rechnung getragen worden: Pilenz bleibt immer der 35jährige Mann, als der er erzählt, auch im Gespräch mit dem jugendlichen, tatsächlich ein Jahr älteren, Mahlke, von dem er berichtet. Die Ereignisse der Vergangenheit finden im Danzig aus der Zeit der Filmaufnahmen statt, so erscheint Mahlke einmal vor der Jahreszahl 1966. Große Papiermachépuppen markieren die Augenblicke, bevor die Gestalten in der Erinnerung des Pilenz lebendig werden und bevor sie wieder in Vergessenheit versinken. Von den vergangenen Ereignissen erscheint manchmal nur der Ausschnitt, den Pilenz damals wahrgenommen hat; so sieht man bei den Reden der Ritterkreuzträger nur die Jungen der Gruppe, den Ritterkreuzträger und Klohse in der sonst leeren Aula; oder es wird gar nur das sichtbar, wovon Pilenz sich damals vorstellte, daß es Mahlke in Gedanken tat; so geht Mahlke während der Rede des Kapitänleutnants nach vorn und nimmt dessen Ritterkreuz prüfend in die Hand. Das alles wirkt auf den Kenner plump, dem Nichtkenner ist es unverständlich und verwirrend. Die zum größten Teil aus Originaltext bestehenden Dialoge sind dagegen meist bloße Textrezitationen. – Der Film vermag weder als selbständiges Werk zu überzeugen, noch gelingt es ihm, die Aussage der Vorlage zu vermitteln. Nur als der Novelle beigegebene Illustration und Stütze der Einbildungskraft kann er wirksam werden. Günter Grass, der anfänglich an der Herstellung des Films wesentlich beteiligt war, soll sich von dem Resultat distanziert haben.

[10] Thoma von Vegesack, Aufsatz über Grass, STOCKHOLMS TIDNINGEN, 20. November 1961, zitiert nach Tank, S. 66.

[11] Die folgenden Kennzeichnungen der Novelle nach ihrem Inhalt sind sowohl der Tageskritik als auch der später einsetzenden wissenschaftlichen Kritik entnommen: Im Licht idealistisch moralisierender Psychologie ist *Katz und Maus* „eine Danziger Schulnovelle, zwischen heftiger Pubertät und bitterer Heldenverwehrung (sic!) balancierend" (Wien, DARMSTÄDTER ECHO), „die Geschichte eines Ehrgeizes" (Kaiser, SÜDDEUTSCHE ZEITUNG), „die tragikomische Geschichte eines aus Trotz gegen seine Umwelt zum ‚Helden' gewordenen Knaben" (MÜNCHNER MERKUR, zum Film 1967), und „die Geschichte des merkwürdigen kurzen Jungenlebens und rätselhaften Endes des Gymnasiasten Mahlke aus Danzig," in welcher „der Genius einer reinen tapferen Jugend in einem Antlitz leuchtet, das die Menschen häßlich nannten und aus dem der Clown traurig hervorschaute" (Korn, FAZ). Walter Jens hält „die Figur des ‚Großen Mahlke' für eine der ergreifendsten und glaubhaftesten Jungengestalten in der modernen Dichtung". Aus der Sicht des Fachpsychologen handelt es sich um eine mit wissenschaftlichen Erkenntnissen übereinstimmende Vorlebensstudie eines Täters, die „Entwicklungsgeschichte eines Schülers", in der Grass mustergültig schildert, „wie ein konstitutionell gestörter Jugendlicher sich in seinen ‚Handlungsketten' (Stumpfl) verstrickt", so daß die Novelle „als eine erstklassige Quelle von Lebenskunde und Menschenverständnis" dienen kann (Ottinger). Einer mehr sozialpsychologisch interessierten und gesellschaftskritisch getönten Analyse nach ist sie die Geschichte eines jungen Menschen, der vergebens um Reife und Mündigkeit ringt, „eines Menschen, der in einer absurden Gesellschaft sich in der Illusion wiegt, schöpferisch und fruchtbar zu sein, während nichts als Möglichkeiten zur Selbstbefriedigung für ihn bereitgehalten werden" (Dahne, NEUE DEUTSCHE LITERATUR). Viele Kritiker erkannten als Grundthema die Auseinandersetzung zwischen Individuum und Gesellschaft, gingen aber dann bei der Konkretisierung dieses Gedankens und der Erläuterung im einzelnen verschiedene Wege und kamen zu manchmal fast gegensätzlichen Ergebnissen. Hierzu gehört, wenn *Katz und Maus* „die Teilnahme erregende Geschichte der Anstrengungen von Mahlke" genannt wird, „sich mit der gesellschaftlichen Konformität auf guten Fuß zu stellen" (Moore), oder wenn es als Demonstration davon verstanden wird, „daß ein resolutes menschliches Individuum – bis zu einem gewissen Grade – dem Druck eines totalitären Regimes widerstehen kann" (Yates, S. 29), oder wenn es heißt, es gehe in diesem Werk um „das Überleben individuellen Menschentums in diesem Zeitalter der Kriege und staatlich dirigierten Lebens" (Spender, NEW YORK TIMES).

[12] *Katz und Maus* ist „ein symptomatisches Bild einer ganzen Generation" (NATIONALZEITUNG, BASEL) und „der Lebenskrampf, den Mahlke demonstriert, ist der Krampf einer ganzen Generation, Mangel an Selbstkritik, Mangel an Humor" (Carpelan, HUFSTUDSTADSBLADET) und „junge Menschen also, für die der zweite Weltkrieg zum Grunderlebnis ihrer menschlichen Existenz geworden ist. Alles, was sie anpacken, hat mit dem Krieg zu tun" (Dahne, NEUE DEUTSCHE LITERATUR).

[13] „Eine Satire auf die Spießer" (BERLINER STIMME) und eine schlüpfrige, entstellende und abwertende Darstellung, in der „auf die alte Wehrmacht, auf den ehemaligen Soldaten, auf überlieferte Werte" Schmutzkübel ausgeschüttet werden (DAS RITTERKREUZ); hierher gehört auch ihre Auffassung als Literatur-

parodie auf die militaristischen Heldengeschichten „von den Kreuzfahrerlegenden bis zu den Landserheften" (Port, MANNHEIMER MORGEN).

[14] Dann ist das Deutschland der Kriegszeit in ihr „nur eine Metapher für alle Systeme der „zivilisierten" Welt – in Ost und West – die heute Feinde der individuellen Freiheit sind" (Spender, NEW YORK TIMES), oder es heißt, daß Grass in der Novelle „ein Universalbild des Menschen" zeichnet und „des Menschen zwiespältige Natur von Trieb und Geist" in ihr zum Ausdruck kommt, ja daß sie sogar „die Geschichte des abendländischen Geistes" spiegelt (Behrend, ZFdPH).

[15] So wenn *Katz und Maus* als eine Dichtung analysiert wird, deren inhaltliche Elemente dem Vorstellungsbereich vom Kommen eines zweiten Heilands und dem Beginn eines neuen Zeitalters entstammen, mit Mahlke in der Rolle eines der vielen falschen Heilande in der Geschichte dieser Prophetie (Ruhleder, THE GERMAN QUARTERLY), oder wenn es unter Wörtlichnahme von „Adamsapfel" als realistische Version des Sündenfallmythos ausgewiesen wird (Friedrichsmeyer, THE GERMANIC REVIEW). Das interessanteste Beispiel dieses Deutungstyps ist die Einreihung der Novelle in die ehrwürdige Tradition der „Heldendichtung", der Variationen des Themas vom suchenden und strebenden Menschen, vom berufenen Helden und Heiligen, der im Dienst einer höheren Macht und unter den Menschen allein seine metaphysische Bestimmung sucht und dabei eine stufenweise, durch Bestehen und Nichtbestehen von Prüfungen markierte Entwicklung durchmacht bis hin zu einem Ziel in Verklärung oder Sturz; so bei Cunliffe (WISCONSIN STUDIES OF CONTEMPORARY LITERATURE) und Ruhleder (THE GERMAN QUARTERLY).

[16] Im Klappentext der Französischen Ausgabe (Editions du Seuil, 1962) wird Pilenz als Hauptcharakter und Täter mit eigenem Schicksal eingeführt: „Der Erzähler im Schatten des Helden; ein Erzähler, den Unsicherheit und Gewissensbisse quälen: Hat er nacheinander den großen Mahlke bewundert, geliebt, gehaßt, beneidet, nachgeahmt, verachtet, hat er ihn, um ein Ende zu machen, an dem Tage, an dem er erkannte, daß sein Held nicht mehr bewundernswert war, in den Tod geschickt?" In der christlich orientierten Darstellung von Norris W. Yates heißt es „‚Katz und Maus' gewährt quälende Einblicke in die Schicksale zweier eschatologischer Männer, von denen der eine sich ein Weltbild baut, das in die Finsternis führt" (S. 34). Ins Schwarze trifft die Mitteilung, daß „gerade die Elemente, die dem Werk seine seltsam verwirrende Eigenart geben, ... das meiste über Persönlichkeit und Charakter des Pilenz" enthüllen, des „von seinem Gewissen geplagten Erzählers, der die Wahrheit über sich selbst nicht ertragen kann" (Bruce, MONATSHEFTE). Sie öffnet den Blick für den geistigen Raum des Geschehens und ist ein Wegweiser für eine Bestimmung der fiktiven Mentalität, die das Gerüst des Geschehens ist.

[17] Grass hat zu der Frage nach dem autobiographischen Element in seiner Dichtung in aufschlußreicher Weise Stellung genommen: „So weit ich mich auf mein eigenes Leben zurückerinnern kann, finde ich weder in der ‚Blechtrommel' noch in der Novelle ‚Katz und Maus' Passagen aus meinem Leben. Ich habe auch nicht die Absicht, etwas Autobiographisches zu erzählen, und glaube auch nicht, daß es möglich ist. Auf der anderen Seite gibt es natürlich Erinnerungen an angedeutete Erlebnisse, die nur aus einem Wort, einem Geruch, einem Anfassen, aus einem Vernehmen vom Hörensagen kommen, und diese Dinge, diese Fragmente von

Erlebnissen lassen sich viel leichter in eine Erzählung umsetzen. Dazu kommt noch, daß insgesamt jedes Buch mit allen Nebenfiguren, mit der Landschaft, mit der Auswahl und der Wahl des Themas natürlich ein Stück des Autors ist, ein bestimmtes Stück, und auch eine Selbstentdeckung des Autors bedeutet" (Tank, S. 64f.).

18 „Warum streitet der Autor ab, daß er Symbole, Zeichen etc. gebraucht. Ist ihm die übertragene Bedeutung von ‚Katz und Maus' wirklich nicht bewußt? Wir ziehen vor zu glauben, daß der Autor den Leser um der Publicity willen an der Nase herumführt" (Ruhleder, THE GERMAN QUARTERLY, 1966, Nr. 4, S. 612).

19 „Aufklärung ist der Ausgang des Menschen aus seiner selbstverschuldeten Unmündigkeit. Unmündigkeit ist das Unvermögen, sich seines Verstandes ohne Leitung eines anderen zu bedienen. Selbstverschuldet ist diese Unmündigkeit, wenn die Ursache derselben nicht am Mangel des Verstandes, sondern der Entschließung und des Mutes liegt, sich seiner ohne Leitung eines anderen zu bedienen. Sapere aude! Habe Mut, dich deines eigenen Verstandes zu bedienen! ist also der Wahlspruch der Aufklärung." (Kant)

20 *Katz und Maus* ist „eigentlich keine Novelle, sondern eine Satire auf die Spießer" (BERLINER STIMME), „ein schmaler, aber nichtsdestoweniger ein wildwuchernder Roman" (Nolte, DIE WELT), ein „fast makelloser kleiner Roman" (TIME, 1970), ein „Anekdotenkranz" (Widmer, NATIONALZEITUNG, BASEL) und eine ziemlich formlose Aneinanderreihung von „Mahlke-Schnurren und Mahlke-Streichen" (SPIEGEL); „für die Bezeichnung ‚Novelle' auf der Titelseite kann man beim besten Willen keine Rechtfertigung finden" (Reich-Ranicki, DIE ZEIT). „Novellen wie Grass' ‚Katz und Maus' ... zeigen, wie sehr der Prozeß der Auflösung der Gattung Novelle in der Moderne gediehen ist. Grass' Erzählung ist ein Romanfragment oder ein ironisch erzählter kleiner Roman; zur Novelle fehlt ihr eigentlich alles, was diese bisher ausmachte" (Benno von Wiese, Novelle, Stuttgart 1963, S. 80) – Zustimmende Meinungen heben den genauen Bau der Novelle hervor (Korn, FAZ), die außergewöhnlich strenge und dichte Komposition (Enzensberger), die Geschlossenheit von Fabel und Form (Heiko Büscher). „Es ist eine Novelle mit linearer Handlung, einem Wendepunkt und einem Falken" (Höllerer, AKZENTE 3/62, S. 231) leitet die Interpretationen von *Katz und Maus* als einer Novelle ein.

21 Auch die fiktiven Augenzeugen sind unterschiedlicher Meinung darüber, wo Höhepunkte in Mahlkes Entwicklung anzusetzen sind: „‚Der hatte immer schon, auch als er knapp Vierzehn war, riesige Halsschmerzen.' / ‚Na, und das Ding mit dem Kapitänleutnant?' / ‚Nee, mit dem Grammophon müssen wir anfangen.' / ‚Und die Konservendosen, war das etwa nichts? Also ganz zu Anfang trug er immer einen Schraubenzieher ...' / ‚Momentchen! Wenn Du vorne anfangen willst, mußte mit dem Schlagballturnier auffem Heinrich-Ehlers-Platz beginnen ...'" (89)

22 Eine Passage aus *örtlich betäubt* wirkt wie ein unterstützender Kommentar des Autors zu dieser Erklärung: „Denn unser Volk verträgt das nicht: Abgewiesene Zukurzgekommene Versager. Überall hocken sie und lauern auf Rache. Sie erfinden sich Feinde und Geschichten, in denen ihre erfundenen Feinde tatsächlich vorkommen und liquidiert werden" (S. 96).

[23] J. Reddick, von dem dieser Gedanke übernommen wurde, spricht von Mahlkes „undue awareness, an electrifying insight into that destructive order of existence" (J. R., 1974, S. 114).

[24] Es ist zwar nicht erwiesen, daß „Kopf eines Clowns" von Bernard Buffet für Mahlke Modell gestanden hat, aber die Ähnlichkeiten sind – bis zu den „verklebten Spießen" hin – frappant.

[25] Günter Grass nennt Mahlkes gewalttätige Abrechnung mit Klohse „eine erwachsene Tat" (Reddick, 1974, S. 151).

[26] Kurt Gerstein in: Rolf Hochhuth, Der Stellvertreter, Hamburg 1963, ist ein solcher unter der Maske verschwindender Held: „Nur wer am Hebel sitzt, kann schalten. Diktaturen sind nur von innen aufzubrechen." (64) – „Solang' mir die geringste Hoffnung bleibt, daß ich nur einen von euch retten kann, muß ich's riskieren, daß ich später den Mördern zum Verwechseln ähnlich sehe." (56)

[27] Die folgende Erörterung des Kleinbürgers ist an *Katz und Maus* orientiert, also nicht an einem realen oder wissenschaftlich erstellten Bild dieses soziologischen Typs, sondern an dem von Grass gezeichneten, poetischen, und widmet sich vor allem der Funktion dieses Bildes im ganzen Werk. – „Er habe die Wahl seiner Stoffe, sagt Günter Grass, bewußt auf eine enge kleinbürgerliche Welt mit vielgestaltigen Figuren, Aktionen und Handlungen beschränkt. Im Laufe der Arbeit an seinen Romanen habe sich gezeigt, daß weite Bereiche, die man gewöhnlich für unpolitisch hält, in Wirklichkeit von der Politik sehr abhängig sind, so zum Beispiel der ‚Mief' der kleinbürgerlichen Enge mit den falschen Idyllen der Familienfeiern usw., dem unausrottbaren Sicherheitsbedürfnis, der falschen Vorstellung von Größe, der Gleichsetzung von sozialem Aufstieg und allgemeinem Fortschritt. In der ‚Blechtrommel' habe er versucht zu zeigen, ‚wie latent politisch die unpolitischen kleinbürgerlichen Schichten als Träger einer Weltanschauung wie die des NS-Regimes gewesen sind'. Besonders in Deutschland haben die Arbeiter den Hang zum Kleinbürgertum mit seinen Verwaschenheiten, seiner Hybris und seinen allgemein bekannten Eigenschaften, die im privaten Bereich liebenswert sein können, aber gefährlich oder grotesk werden, wenn dies Kleinbürgertum die politische Führung ergreift" (Geno Hartlaub in Loschütz, S. 212).

[28] „Jenedienachunskommen – Undindieserstunde", Verpflichtung einer stiftenden Generation auf die Nachkommen in geheiligter Stunde; „dochdiesmalwirddieheimat"; Verkündigung, daß es im zweiten Weltkrieg keine Niederlage geben wird, da die Heimat der Front nicht, wie im ersten Weltkrieg in den Rücken fallen wird (‚Dolchstoßlegende'); „flinkzähhart" macht den Wunsch des Führers, der sich die deutsche Jugend flink wie Windhunde, zäh wie Leder und hart wie Kruppstahl wünschte, zum Leitsatz. (52)

[29] Die Spartaner, das Reiterlied aus Schillers *Wallensteins Lager* (42), die Studenten von Langemarck, Walter Flex (52).

[30] Eine Szene in *Hundejahre* macht diesen Zug Tullas anschaulich: In der Nähe der Batterie Kaiserhafen ist ein Knochenberg, ein Abladeplatz des Konzentrationslagers Stutthof. Alle können ihn sehen, aber niemand gesteht sich ein, was er sieht. Nur Tulla sagt: „‚Das issen Knochenberg ... Und zwar Menschenknochen, genau? Das weiß doch jeder ... Wetten, daß das richtige Menschenknochen sind, und zwar jede Menge?'" Aber niemand will; Tulla gewinnt jede Wette. Schließlich schlägt der Feldwebel Matern, für den es charakteristisch ist, daß er sich die

Wahrheit nicht eingesteht, ein: „‚Wetten, daß nicht ...'" Tulla geht zu dem Berg, und als sie zurückkommt, kann sie einen Totenschädel vorweisen: „‚Was hab ich gesagt? Gewonnen oder nicht gewonnen?'" Matern quittiert mit einer Ohrfeige und schreit: „‚Saublase, los, ab in die Unterkünfte.'" Alle „verdrücken sich", Tulla aber steht „leicht" und mault nur: „‚Dabei bin ich schwanger. ... Wetten wir, daß ich bin!'" (Hj. 258 ff.)

31 „Grass gesteht: ‚Ich selbst habe bis ganz zum Schluß im Jahre 1945 geglaubt, daß unser Krieg richtig war.'" (TIME, 13. April 1970, S. 74)

32 „Ich schickte einen Zettel ... an Vera Plötz oder an Hildchen Matull, bekam aber weder noch Antwort" (52) – „Sie flüsterten von beiden Seiten ... kicherten flüsterten kicherten. Ich hatte niemanden zum Flüstern" (79f.) – „wälzten uns ... mit immer denselben Mädchen ... in den Stranddisteln der Dünen; nur ich ging leer aus, und habe das Zögern und Ironisieren dieser meiner Schwäche bis heute nicht verloren" (81) – „versuchte ... bei Tulla Pokriefke zu landen, hatte aber kein Glück und wurde auch mit Hotten Sonntags Schwester nicht fertig" (82).

33 Eins von den zahlreichen Beispielen für dieses Katz-und-Maus-Spiel in der Novelle: „Wenn überhaupt, dann war mit Jungens bei ihm etwas los: womit ich nicht sagen will, daß Mahlke verkehrt herum war." (28) Beim ersten Teil des Satzes ist der Wunsch der Vater des Gedankens, beim zweiten die Vorsicht.

34 Dieselbe Tonart schlägt Pater Alban an, als er Pilenz zum Schreiben ermuntert: „‚Setzen Sie sich einfach hin, lieber Pilenz, und schreiben Sie drauflos ... der Herrgott versah Sie nicht ohne Bedacht mit Talenten'". (79) – Es gibt ein paar Ähnlichkeiten zwischen Joachim Mahlke und Pater Alban, die auf Identität weisen: Schon durch den gleichwertigen Klang der Namen ergibt sich eine Nähe der beiden Figuren; auch der Vorname Mahlkes deutet auf Identität, denn „Joachim" ist nach Apokryphen der Name des Vaters (Pater) Mariens. Beide sind „halbwegs" gläubig; Pater Alban gehört dem den Marienkult pflegenden Franziskanerorden an, und „der Franziskanermönch Jacopone da Todi", dessen Namen Grass einstreut, ist der Erfinder von Mahlkes Lieblingssequenz „Stabat Mater dolorosa" (86). Mahlkes „Werde nicht heiraten" (98) entspricht Pater Albans Ehelosigkeit. Beide führen mit Pilenz religiöse Gespräche, und nicht zuletzt sind beide starke Teetrinker, Mahlke bringt an Verpflegung zuerst Tee und dann nicht viel anderes in die Funkerkabine (47), und die nächtelangen Gespräche mit Pater Alban werden bei Tee geführt, der Pilenz zu stark ist. Die Erzählung in der zweiten Person richtet sich, so gesehen, an einen zweifachen Adressaten: Pater Alban, dem die Geschichte erzählt wird, und Mahlke, der in der Geschichte evoziert wird. Dann wären Pater Alban und Pilenz ein Paar nach dem Muster von Brauxel und Matern in *Hundejahre*: Der bis zur Unkenntlichkeit veränderte Freund hat den einst an ihm schuldig gewordenen Freund an der Leine und läßt ihn zappeln. Sie sind wieder zusammen, aber sie bleiben sich fremd: „starrten dann – und jeder für sich – in den Bach" (98). „Beide sind wir nackt. Jeder badet für sich". (Hj 473)

35 Diese Beziehung bedarf noch der Untersuchung. Hier sei nur auf einige Züge hingewiesen: Die Abrechnung mit Klohse „geschah an einem Donnerstag" (121). Zwischen Mahlkes Messebesuch am nächsten Morgen und Jesu Gebet im Garten von Gethsemane lassen sich Ähnlichkeiten sehen. („Und es kam, daß er mit dem Tode rang und betete heftiger. Es ward aber sein Schweiß wie Blutstropfen, die fielen auf die Erde" – Lukas 22/23 –; „... und fing an zu zittern und zu zagen"

– Markus 14/33 –) Die Hilfeverweigerung des Pilenz (126) spielt mit dem heute veralteten „abermals“ (126,127) auf Petri Verleugnung an. („Und er leugnete abermals“ – Matthäus 26/72; Markus 14/70; Johannes 18/27)

[36] Nur um den einfachen Geschehenszusammenhang überblicken zu können, muß man die Prosawerke von Günter Grass mindestens zweimal lesen, schon weil des öfteren ein entscheidend wichtiges Glied der Ereigniskette erst nachträglich bekannt gemacht wird. Den fiktiven Erzähler Pilenz nimmt man darum zuerst kaum wahr, weil er sich erst im zweiten Teil der Novelle (64) vorstellt. Bis dahin treibt er sein Unwesen perspektivischer Verzerrung wie unter einer Tarnkappe. Auch die für das Erfassen der Erzählmotivation maßgebliche Tatsache, daß er Schuld am Tode Mahlkes hat, erfährt man erst am Schluß.

[37] Dafür spricht auch die starke Vergegenwärtigung von Gerüchen, z. B. „Weihrauch und Wachskerzenduft“; „Kreide-Leder-Turnermief“ (13); „kühler Pfefferminzatem“ (42); „Zoogeruch“ (57); „roch ähnlich verstaubt“ (70); „Birkenhaarwasser und Palmolivseife bestimmten seinen Geruch“ (72); „und roch aus dem Mund, als kochte in seinem Innern ständig ein Töpfchen Wirsingkohl auf kleiner Flamme“ (73); „die nach Teer, Socken und Seegrasmatratzen rochen“ (79); „den Hefedunst der Aktienbrauerei“ (98). Gerüche dienen als Erinnerungsstimulans: „deshalb sollte ich meine Schreibmaschine oberflächlich mit Zwiebelsaft einreiben“ (76).

[38] Besonders auffallend ist der Gebrauch der Konjunktion „denn“. Sie wird selten zum Anschluß der Ursache für das vorher Gesagte verwendet. Eine kausale Verbindung ist zwar vorhanden, aber meist so verdreht, daß es Mühe macht, sie einzusehen. Ein Beispiel für viele: „Dabei hatte keiner von uns ... von Mahlke verlangt, nochmals in den Bugraum ... zu tauchen, denn wir hockten ja auf allen über dem Wasserspiegel ragenden Brückenaufbauten eines ehemaligen ... Minensuchbootes ...“ (6) Die kausale Verbindung lautet etwa so: Die Situation, in der Mahlke tauchte, ohne daß wir es verlangt hatten, war dadurch gegeben, daß wir alle dort hockten. Pilenz erzählt also vom Ende her. Die richtige Folge wäre: Wir hockten alle da, Mahlke tauchte, dabei hatte keiner es von ihm verlangt. Das für ihn Wichtige, ihm zuerst Einfallende ist die Mitteilung, daß sie – und er – unschuldig und unbeteiligt sind. Die Erzähllogik ist psychologisch bestimmt.

[39] Günter Grass, „Rückblick auf die Blechtrommel – oder: Der Autor als fragwürdiger Zeuge“. Süddeutsche Zeitung. 12./13.1.1974, S. 99.

[40] – Zensur von Literatur, Grenzen dichterischer Freiheit, Trennungslinie zwischen Kunst und Pornographie, sittliche Gefährdung durch Literatur, Aufgabe des Dichters und Funktion der Dichtung in der Gesellschaft –

[41] – Heldentum, Reinheit, Tapferkeit, Frömmigkeit, zweckfreie Tat, Schuld –

[42] Vgl. dazu den beigegebenen Auszug aus der „Rede von der Wut über den verlorenen Milchpfennig“ von Günter Grass.

[43] – Kirche, Schule, Soldatentum, Familie, Gepflogenheiten des sexuellen Verhaltens und des sozialen Umgangs überhaupt –

[44] Eine solche Nutzanwendung entspricht den Überzeugungen von Günter Grass, der ein unentwegter Verfechter der Demokratie ist: „Für meinen Teil werde ich weiterhin diesen ersten aussichtsreichen Versuch, Demokratie in Deutschland zu etablieren, verteidigen. Und wer die ohnehin schwache und immer gefährdete Basis für die Demokratisierung der Bundesrepublik – sei es im Sinne der

NPD, sei es im Sinne linksreaktionärer Thesen – schmälert, wer den deutschen Bundestag, ein gewiß mittelmäßiges Parlament, eine ‚Quasselbude' nennt, wer meint, die parlamentarische Demokratie zerschlagen zu müssen, damit etwas anstelle treten kann, das er verschämt in der Hinterhand hält, wer also meint, Weimar dürfe, könne und solle wiederholt werden, der hat in mir einen politischen Gegner von ziemlicher Ausdauer." („Die angelesene Revolution", Vorwort zu Jens Litten, Nachruf auf die APO, Hoffmann und Campe, Hamburg 1969)

45 Es ist begreiflich, daß einem gläubigen Katholiken die Lektüre von *Katz und Maus* nicht angenehm ist und sich Empörung in ihm regt; dies läuft der vom Autor vermutlich angestrebten Wirkung nicht einmal zuwider. Aber um Blasphemie und „Verunglimpfungen der katholischen Kirche" (Ziegel) handelt es sich in diesem Werk sicher nicht. Günter Grass ist nach eigenem Bekenntnis kein Metaphysiker, und sein Interesse an der Religion gilt ihrer diesseitigen Sphäre. Religion und Religiosität als solche sind auch nach Ansicht dieser Interpretation kein Thema in *Katz und Maus*. Alle Äußerungen dazu weisen zurück auf das Verständnis, daß der Erzähler Pilenz und sein Held Mahlke davon haben. Die darin enthaltene Kritik an der Kirche richtet sich nicht gegen deren Glaubensinhalte, sondern dagegen, daß sie solche Verirrungen zuläßt. – Dazu Grass: „Mich beunruhigen religiöse Fragen nicht. Mich beunruhigt vielmehr, zu schauen zu müssen, daß die Mehrzahl der Menschen von der Beantwortung dieser Fragen immer noch abhängig ist. Ihre Unruhe wird von Mächten, die sich christlich nennen, ausgenutzt. Ich sehe, wie man überall Geschäfte mit Gott treibt. Ich weiß um all die Verbrechen im Namen Gottes, und ich spüre bei mir eine Diskrepanz der Herkunft (katholisch getauft) und der Entwicklung, die mit dem Zweifel begann und nun eigentlich bei Aufklärung und Vernunft und unseren begrenzten, naturwissenschaftlichen Erkenntnissen Antwort und Teilantwort finden. Ich würde diese Haltung jedoch nie als Atheismus bezeichnen. Der Atheismus hat sich heute schon wieder zu einer Religion bzw. Antireligion formiert. Eine katholische Kirche wie jede Religion, die ihre ethischen Aufgaben, die ich historisch begründet sehe, wahrnimmt, und also das erste Gebot der Nächstenliebe, die Toleranz, groß schreibt, würde in mir einen freundlichen Nachbarn haben" (Interview mit Geno Hartlaub 1967, Loschütz, S. 215).

46 Mit dem Motiv der „guten, alten Schule" liefert *Katz und Maus* eine Erklärung für das hartnäckige Weiterbestehen von Gegebenheiten, deren Nachteiligkeit offenbar ist. Die Schule ist in der Erinnerung sentimentalisiert, und die Vorstellung von der schönen, vom Ernst des Lebens noch nicht beschwerten Schulzeit umgibt sie manchen mit einer Aureole, die Kritik ersterben und Änderungen nicht wünschenswert erscheinen läßt. Es sind gerade die unfähigen Lehrer, deren Bild zur Verklärung der Schule in der Erinnerung beiträgt und von denen es die besten Schulanekdoten gibt. Eine weitere Ursache der konservativen Einstellung repräsentiert Mahlke mit seiner Bindung an das Conradinum: Die Schule muß dem ehemaligen Schüler so erhalten bleiben, wie sie ihn prägte und mit der Aufgabe, sich im Leben zu bewähren, entließ. Nur so kann sie ihm später bestätigen, daß er es geschafft hat. Schülern, denen wie Mahlke die Anerkennung in der Schule versagt bleibt, kann die Widerlegung des Schulurteils zur psychologischen Notwendigkeit werden. Dabei ist es von geringer Bedeutung, ob sie Opfer von Mißständen waren oder gerecht beurteilt wurden; denn wenn sie versuchen, die Be-

dingungen des Urteils als falsch zu entlarven, geraten sie in die unrühmliche Lage des Fuchses mit den sauren Trauben, und ihr verletztes Selbstbewußtsein leidet nur weiter. Die Widerlegung des Urteils muß im Sinne des Urteils erfolgen. – Mahlke war immer ein guter Schüler und hat ein gutes Abitur gemacht, aber er hat „im Sinne der Schule würdeloses Verhalten wettzumachen" (69). Er muß von Klohse über sich sagen hören: „‚Einer von uns, aus unserer Mitte, aus dem Geist unseres Gymnasiums hervorgegangen'" (52). So muß er im Conradinum als Ritterkreuzträger eine Rede halten; er muß dem Leitbild der Schule entsprechen und das in der Öffentlichkeit einer Feier bestätigt bekommen. Seine Abneigung gegen solche Feiern und gegen dieses Leitbild, um derentwillen er nicht zuletzt von der Schule verwiesen wurde, verkümmert unter dem Zwang, sich rehabilitieren zu müssen. Mit der Verweigerung dieser Erfolgsbetätigung, die von keiner anderen ersetzt werden kann, bekommen alle seine Leistungen den Stempel der Vergeblichkeit, und Mahlke ist vernichtet.

47 Die „Olympiade" im Masturbieren gehört zu den anstoßerregenden Stellen in *Katz und Maus*. Pilenz antizipiert das und mit „es ging wirklich harmlos dabei zu" fordert er den Leser dazu auf, dieses „Spielchen" (26) als eine ziemlich typische Pubertätsverfehlung zu sehen, bei der nichts Harmvolles geschieht. Tatsächlich ist das „harmlose Spiel" aber nur die Staffage, hinter der sich etwas abspielt, was alles andere als harmlos ist: Es findet die erste Erprobung von Mahlkes Integrität statt und er unterliegt, gibt aber anderen die Schuld daran und reagiert gewalttätig, damit die dunkle Seite seines Charakters offenbarend (s. Kap. 3.4. d. Int.).

Literaturverzeichnis

Behrendt, J. E.: Die Ausweglosigkeit der menschlichen Natur. Eine Interpretation von Günter Grass' „Katz und Maus". Zeitschrift für Deutsche Philologie 87 (1968), 546-562

Ders.: Auf der Suche nach dem Adamsapfel. Der Erzähler Pilenz in Günter Grass' Novelle „Katz und Maus". Germanisch-Romanische Monatsschrift 19 (12969), 313-326

Brode, H.: Die Zeitgeschichte im erzählenden Werk von Günter Grass. Versuch einer Deutung der „Blechtrommel" und der „Danziger Trilogie". Bd. 11. Frankfurt/Bern 1977 (Regensburger Beiträge zur deutschen Sprach- und Literaturwissenschaft. Reihe B. Untersuchungen.)

Ders.: Günter Grass. Autorenbücher 17. München 1979

Bruce, J. C.: The Equivocating Narrator in Günter Grass's „Katz und Maus". Monatshefte 58 (1966), 139-149

Cepl-Kaufmann, G.: Günter Grass. Eine Analyse des Gesamtwerks unter dem Aspekt von Literatur und Politik. Kronberg 1975 (Skripten Literaturwissenschaft, Bd. 17.)

Cunliffe, W. G.: Günter Grass. Twayne's World Authors Series. Bd. 65. New York 1969

Dahne, G.: Zur Problematik des Geschichtsbewußtseins im Werk von Günter Grass. Greifswald 1970

Ezergailis, I. M.: Günter Grass' „Fearful Symmetry", Dialectic, Mock, and Real in „Katz und Maus" and „Blechtrommel". In: Texas Studies in Literature and Language 16 (1974/75), 221-235

Friedrichsmeyer, E. M.: Aspects of Myth, Parody, and Obscenity in Grass' „Die Blechtrommel" and „Katz and Maus". The Germanic Review 40 (1965), 240-250

Geißler, R. (Hrsg.): Günter Grass. Ein Materialienbuch. Neuwied 1976 (Sammlung Luchterhand, Bd. 214)

Gerstenberg, R.: Zur Erzähltechnik von Günter Grass. Heidelberg 1980 (Beiträge zur Neueren Literaturgeschichte. 3. Folge, Bd. 47.)

Kaiser, G.: Günter Grass. Katz und Maus. München 1971 (Literatur im Dialog. Analysen und Monographien, Bd. 1.)

Karthaus, U.: „Katz und Maus" von Günter Grass – eine politische Dichtung. Der Deutschunterricht 23 (1971), 74-85

Krueger, W.: Mystisch, barbarisch, gelangweilt: Zu Günter Grass' „Katz und Maus". Acta Germanica 12 (1980), 185-196

Lawson, R. H.: Günter Grass. Literature und Life Series. New York 1985

Leonard, I.: Günter Grass. The Modern Writers Series. New York 1973

Loschütz, G. (Hrsg.): Von Buch zu Buch – Günter Grass in der Kritik. Eine Dokumentation. Neuwied 1968

Lucke, H.: Günter Grass' Novelle „Katz und Maus" im Unterricht. Der Deutschunterricht 21 (1969), 86-95

Maier, W.: Moderne Novelle. Günter Grass' „Katz und Maus". Sprache im Technischen Zeitalter 1 (1961), 68-71

Miles, K.: Günter Grass. A Critical Study. New York 1975

Müller-Schwefe, H.-R.: Sprachgrenzen. Das sogenannte Obszöne, Blasphemische und Revolutionäre bei Günter Grass und Heinrich Böll. München 1978

Neis, E.: Erläuterungen zu Günter Grass „Katz und Maus". Königs Erläuterungen und Materialien, Bd. 162/63. Hollfeld 1985[5]

Neuhaus, V.: Günter Grass. Stuttgart 1979 (Sammlung Metzler, Bd. 179.)

Ottinger, E.: Zur mehrdimensioanlen Erklärung von Straftaten Jugendlicher am Beispiel der Novelle „Katz und Maus" von Günter Grass. Monatsschrift für Kriminologie und Strafrechtsrefrom 5/6 (1962), 175-183

Pfeiffer, J. R.: Katz und Maus. Grass' Debt to Augustine. Papers on Language and Literature 7 (1971), 279-292

Pickar, G. B.: Intentional Ambiguity in Günter Grass' „Katz and Maus". Orbis Litterarum 26 (1971), 233-245

Ders.: The Aspect of Colour in Günter Grass's „Katz und Maus". German Life and Letters. N. S. 23 (1969/70), 304-309

Reddick, J.: The „Danzig Trilogy" of Günter Grass. A Study of The Tin Drum, Cat and Mouse and Dog Years. New York/London 1974

Ders.: Eine epische Trilogie des Leidens? „Die Blechtrommel", „Katz und Maus", „Hundejahre". Text + Kritik 1/1a (1978), 60-73

Richter, F.: Die zerschlagene Wirklichkeit. Überlegungen zur Form der Danzig-Trilogie von Günter Grass. Bonn 1977 (Abhandlungen zur Kunst-, Musik- und Literaturwissenschaft, Bd. 235.)

Richter, F.-R.: Günter Grass. Die Vergangenheitsbewältigung in der Danzig-Tri-

logie. Bonn 1979 (Abhandlungen zur Kunst-, Musik- und Literaturwissenschaft, Bd. 244.)
Ritter, A. (Hrsg.): Erläuterungen und Dokumente. Günter Grass, Katz und Maus. Stuttgart 1977 (Reclam Universal-Bibliothek 8137)
Roberts, D.: The Cult of the Hero. An Interpretation of „Katz und Maus". German Life and Letters 29 (1975/76), 307-322
Rothenberg, J.: Günter Grass. Das Chaos in verbesserter Ausführung. Zeitgeschichte als Thema und Aufgabe des Prosawerks. Heidelberg 1976 (Beiträge zur Neueren Literaturgeschichte. Dritte Folge, Bd. 27.)
Ruhleder, K. H.: A Pattern of Messianic Thought in Günter Grass' „Katz und Maus". German Quarterly 39 (1966), 599-612
Ryan, J.: Resistance and Resignation. A Re-Interpretation of Günter Grass' „Katz and Maus". Germanic Review 52 (1977), 148-165
Schröder, S.: Erzählerfiguren und Erzählperspektive in Günter Grass' „Danziger Trilogie". Frankfurt 1986 (Deutsche Sprache und Literatur, Bd. 784.)
Schwarz, W. J.: Der Erzähler Günter Grass. 2. Auflage Bern/München 1971
Sera, M.: Der Erzähler als Verfolgter in der Novelle „Katz und Maus" von Günter Grass. Zeitschrift für Deutsche Philologie 96 (1977), 586-604
Spaethling, R. H.: Günter Grass: „Cat and Mouse". Monatshefte 62 (1970), 141-153
Tank, K. L.: Günter Grass. Köpfe des XX. Jahrhunderts. Bd. 38. Berlin 1965
Thomas, N. L.: An Analysis of Günter Grass' „Katz und Maus" with Particular Reference to the Religious Themes. German Life and Letters 26 (1972/73), 227-238
Ders.: The Narrative Works of Günter Grass. A Critical Interpretation. Amsterdam/Philadelphia 1982
Vormweg, H.: Günter Grass. Reinbek 1986 (rowohlts monographien 395.)
White, R. L.: Günter Grass in America. The Early Years. Hildesheim/New York 1981
Yates, N. W. : Günter Grass. A Critical Essay. Contemporary Writers in Christian Perspective. Grand Rapids 1967
Zimmermann, W.: Günter Grass. Katz und Maus. Deutsche Prosadichtungen unseres Jahrhunderts, Bd. 2. Düsseldorf 1969

Zeittafel zu Leben und Werk

1927	Günter Grass am 16.10. als Sohn des Kolonialwarenhändlers Willy Grass und seiner Frau Helene in Danzig-Langfuhr geboren
1933-1943	Volksschule und Gymnasium (1937 Conradinum) Romanversuch: „Die Kaschuben“
1943	Luftwaffenhelfer. Arbeitsdienst
1944	Militärdienst (Panzersoldat)
1945	Verwundung bei Kottbus. Lazarett Marienbad
1945-1946	Amerikanische Kriegsgefangenschaft in Bayern
1946	Arbeit in der Landwirtschaft und in einem Kalibergwerk
1947	Steinmetzlehre in Düsseldorf. Miglied einer Jazzband
1948-1949	Studium an der Kunstakademie Düsseldorf (Lehrer Sepp Mages und Otto Pankok)
1952	Aufenthalt in Frankreich. Gedicht über einen Säulenheiligen, Vorform von Oskar Matzerath. Übersiedlung nach Berlin
1953	Studium an der Hochschule für Bildende Künste in Berlin (Lehrer Karl Hartung)
1954	Verehelichung mit der Balettstudentin Anna Margaretha Schwarz
1955	„Lilien aus Schlaf“, erste Veröffentlichung in „Akzente“. Dritter Preis in einem Lyrikwettbewerb des Süddeutschen Rundfunks. Lyrik-Lesung in der Gruppe 47. Beginn der Zusammenarbeit mit dem Luchterhand Verlag
1956	„Die Vorzüge der Windhühner“. Übersiedlung nach Paris
1957	„Hochwasser“, Uraufführung. Geburt der Zwillinge Franz und Raoul
1958	„Onkel, Onkel“, Uraufführung. Preis der Gruppe 47 für Lesung aus „Die Blechtrommel“. Reise nach Polen, dabei wahrscheinlich Anregung zu „Katz und Maus“
1959	„Die Blechtrommel“. Verweigerung des Grass zugesprochenen Literaturpreises durch den Bremer Senat
1960	„Gleisdreieck“. Rückkehr nach Berlin
1961	„Katz und Maus“. „Offener Brief“ zum 13. August an Anna Seghers. Geburt der Tochter Laura. Begegnung mit Willy Brand. Beginn des politischen Engagements
1963	„Hundejahre“. Aufnahme in die Berliner Akademie der Künste
1965	Geburt des Sohnes Bruno. Wahlreisen und -reden für die SPD. Büchner-Preis
1966	„Die Plebejer proben den Aufstand“, Uraufführung. Verfilmung von „Katz und Maus“
1967	„Ausgefragt“. „Über meinen Lehrer Döblin“
1968	„Über das Selbstverständliche“. Fontane-Preis
1969	„Örtlich betäubt“. „Davor“, Uraufführung. Theodor Heuss-Preis
1972	„Aus dem Tagebuch einer Schnecke“
1974	„Der Bürger und seine Stimme“. Geburt der Tochter Helene
1976	Ehrenpromotion der Harvard University
1977	„Der Butt“

1978	„Denkzettel". Scheidung von Anna Grass. Stiftung des Alfred Döblin-Preises
1979	„Das Treffen in Telgte". Film „Die Blechtrommel". Verehelichung mit der Organistin Ute Grunert
1980	„Kopfgeburten oder die Deutschen sterben aus". „Aufsätze zur Literatur"
1982	„Zeichnen und Schreiben", Band 1
1983	Präsident der Berliner Akademie der Künste
1984	„Widerstand lernen". „Zeichnen und Schreiben", Band 2
1986	„Die Rättin". Übersiedlung nach Kalkutta
1987	Rückkehr nach Deutschland
1988	„Zunge zeigen"